**ORGANIZAÇÃO
CLARE WINNICOTT
RAY SHEPHERD
MADELEINE DAVIS**

**TRADUÇÃO
BRENO LONGHI**

BEBÊS E SUAS MÃES

WINNICOTT

7 Uma ética do bom senso: conselhos de
Donald Winnicott a jovens mães
MARIA RITA KEHL

15 Nota dos organizadores

17 1. A mãe dedicada comum

29 2. Saber e aprender

36 3. Amamentação como forma de comunicação

47 4. O recém-nascido e sua mãe

64 5. As origens do indivíduo

73 6. O ambiente saudável na infância

83 7. A contribuição da psicanálise para a obstetrícia

97 8. A dependência nos cuidados com a criança

104 9. A comunicação do bebê com a mãe e
a da mãe com o bebê, comparada e contrastada

125 **TEXTOS INÉDITOS**

127 1. Esperando pela chegada do bebê

134 2. Conhecendo seu bebê

142 3. Cartas das minhas ouvintes

149 Índice remissivo
154 Sobre o autor

UMA ÉTICA DO BOM SENSO: CONSELHOS DE DONALD WINNICOTT A JOVENS MÃES

MARIA RITA KEHL

I

> *O bebê, entretanto, nunca foi mãe.*
> *O bebê nem mesmo já foi bebê antes.*
>
> D. W. WINNICOTT

A frase do pediatra e psicanalista Donald Woods Winnicott, que abre um parágrafo sobre a comunicação entre as mães e seus recém-nascidos neste *Bebês e suas mães*, nos apresenta aquele tipo de constatação óbvia na qual nunca havíamos pensado. Muitos conceitos estão incluídos nessa obviedade. A prematuração dos filhotes humanos, para começar. Ao contrário do que acontece em todo o reino animal, os bebês, destinados a se tornarem seres de linguagem como todos nós, não vêm ao mundo equipados com um conjunto de instintos que lhes indique como ingressar na vida. São humanos de primeira viagem. O mesmo aparato instintivo também inexiste nas mulheres adultas, o que causa perplexidades, como as descritas acima, diante das manifestações de desconforto de seus primeiros bebês. Como é possível que, sem a ajuda de um *especialista* – termo tão valorizado em nossa atual sociedade tecnocientífica –, quase todos os bebês sobrevivam à inexperiência, ao "amadorismo" das mães? Escolhi essa palavra para lembrar ao leitor que, ao contrário do

PREFÁCIO

especialista, "amador", entre outras acepções, é o nome dado àquele que exerce algum ofício *por amor*.

Embutido entre essas primeiras considerações está o valor da *experiência*, termo de uso cotidiano transformado em conceito pelo filósofo alemão Walter Benjamin (1892–1940). De acordo com Benjamin, o que define uma experiência é que o vivido possa se transformar em narrativa comunicável a outras pessoas. Aquele que atravessa os eventos da vida há de considerar que alguns deles merecem ser passados adiante. Ao passar adiante o que viveu, o próprio narrador do fato vivido o transforma em experiência, pela "lição de vida" (Benjamin não utiliza essa expressão) que merece ser transmitida. Raramente nos damos conta do quanto nossos saberes singelos sobre "como viver" nos foram transmitidos por outras pessoas.

No caso das mães de primeira viagem, é inestimável o valor das pequenas lições para resolver problemas simples transmitidas por outras mães, tais como trocar fraldas, facilitar a chegada do sono ou simplesmente amamentar o bebê. Às vezes, essa sabedoria vem da mãe daquela mãe. Em outras, de uma vizinha mais velha, uma amiga já "veterana" nas artes da maternagem. Raramente, como no caso de recém-nascidos com disfunções orgânicas importantes, há necessidade de um *especialista*.

Neste *Bebês e suas mães* (publicado postumamente em 1987), o leitor há de perceber que a primeira intenção do autor é tranquilizar as mães e fazer com que confiem em si mesmas. Para isso, aposta em uma qualidade muito modesta, que, a seu ver, é essencial para as mães de primeira viagem: o bom senso, ou *common sense*. Essa simpática expressão inglesa (o autor é inglês), por si só, ajuda a desinflar o terrível e intimidador superego materno. Recorto aqui duas ou três passagens que demonstram, no caso do autor, uma perfeita combinação entre bom senso e sabedoria. Ou talvez tal combinação não tenha de ser perfeita; basta que seja boa... o *suficiente*.[1]

Alguns dos capítulos derivam de palestras em que Winnicott se dirige diretamente a parteiras, enfermeiras e pediatras, os *especialistas*, para alertá-los dos riscos de uma interferência desastrosa deles nos primeiros contatos de uma mãe com seu bebê. Um pouco assustadores talvez para serem lidos por mães ou futuras mães, os textos procuram orientar esses profissionais a proporcionar às mães a confiança nelas mesmas no cuidado de seus bebês.

2

Sua mãe e eu/ seu irmão e eu/ e o irmão da sua mãe...
lhe damos as boas-vindas, boas-vindas, boas-vindas/
venha conhecer a vida// eu digo que ela é gostosa...
CAETANO VELOSO

Bonito pensar que a chegada de um ser humano ao mundo possa ser recebida assim: "venha conhecer a vida". Aliás, durante alguns dias, nos parece tranquilo e agradável esse primeiro contato entre o bebê e a vida recém-inaugurada. Quem já deu à luz um bebê deve se lembrar desse primeiro momento – que pode durar alguns dias ou somente algumas horas – em que o filhote humano parece muito pleno. Pacificado. Como

---

1 "Mãe suficientemente boa" é uma expressão consagrada pelo próprio autor.

se a vida fosse cem por cento gostosa. "Durante essa fase, em grande medida, a mãe é o bebê e o bebê é a mãe" (p. 20). "Como ele é bonzinho", diz a mãe; os primeiros visitantes assentem, condescendentes. Costumo dizer que não se trata disso: é que o bebê ainda não *descobriu que nasceu*. É que o nascimento, além de trazer o bebê ao mundo habitado por nós, inaugura nele uma falta. Mas... não toda de uma vez. A vivência da fusão com o corpo materno nem sempre se rompe imediatamente após o parto. A percepção da separação física em relação à mãe, ao se inaugurar, inaugura também o desamparo, com ajuda da percepção da *insatisfação* – a começar pela fome, vivência corporal assustadora e desconhecida para quem, até então, era suprido sem descontinuidade através do cordão umbilical. A insatisfação é a primeira notícia que chega ao bebê, horas ou dias depois do nascimento, da separação do corpo materno. O que fazer diante da angústia expressa no choro do filhote que, de repente, "descobre" que nasceu? Winnicott utiliza a expressão "mãe dedicada comum", que mais tarde transforma em "mãe suficientemente boa", para designar tudo o que uma mulher precisa ser para seu bebê. A rotina de pequenos cuidados corporais que a mãe proporciona ao filhote também contribui para que, aos poucos, o bebê desenvolva a capacidade de sentir-se *real*. Para isso, não basta que a mãe saiba cuidar dele. Assim que uma mulher dá à luz seu bebê, ela deve aceitar a dura realidade de que aquela união tão perfeita com outro ser, experimentada durante a gravidez, terminou. Nos braços, ela carrega com amor um perfeito estranho. É bom que seja assim; com surpreendente originalidade, o autor afirma que "o bebê precisa que a mãe falhe ao se adaptar" (p. 22).

Daí sua preferência pela expressão *mãe dedicada comum* para designar o conjunto de qualidades e falhas com que, no melhor dos casos, a mulher conta para apresentar o mundo ao filho recém-nascido. Poeticamente, a leitura deste livro nos faz entender que o bebê se transforma em um pequeno *ser* para o mundo à medida que o mundo lhe é apresentado pela mediação insubstituível da mãe. Aliás, o próprio bebê só se torna um ser para si mesmo conforme se percebe como um ser para a mãe. "É importante destacar que *eu sou* não significa nada a não ser que *eu*, no início, *sou junto a outro ser humano* que ainda não se diferenciou" (p. 26).

Com liberdade e generosidade raras entre autores da primeira metade do século XX, Winnicott inclui entre as interlocutoras de seus conselhos as chamadas mães solteiras: "Existe espaço para todo tipo de mãe neste planeta" (p. 32). Nenhuma delas – para sorte dos bebês – será perfeita. Assim como cada mãe é muito boa em uma ou mais atividades de cuidado com os filhos, cada uma delas – ou de nós... – será ruim em outras coisas. Há de falhar, aqui e ali. O espaço vazio ou o desconforto provocado por tais falhas será preenchido aos poucos, na atividade mental da criança, pela atividade da fantasia.

Winnicott, entretanto, alerta os leitores de que certas mães muito ansiosas nem sempre são tão altruístas quanto parecem: elas apenas trocam "um tipo de egoísmo por outro" (p. 19). Do que necessita a pessoa ansiosa? De que nada falte para si. Por isso, precisa de que nada falte também para quem depende dela. O que diferencia a ansiedade de outros sintomas neuróticos é que, nesta, o sujeito se encarrega de trabalhar sem descanso para negar que a falta exista.

A sabedoria contida neste livro sexagenário me parece ainda mais necessária ao mundo atual – quando as pessoas desconfiam cada vez mais do valor da experiência transmitida entre sujeitos que compartilham destinos semelhantes e só se sentem confor-

PREFÁCIO

táveis quando substituem tais saberes familiares por inovações científicas e tecnológicas; quando as mães de maior poder aquisitivo acreditam que o melhor a fazer na primeira fase de desenvolvimento de seus filhotes é contratar uma enfermeira, ou uma babá experiente, ou uma *especialista* para manusear e alimentar o recém-nascido; quando a eficiência tecnológica nos oferece a esperança de que seja possível aprender o que quer que seja, sem errar. A ousadia muito atual de Donald Winnicott consiste na ajuda que oferece às mães para que confiem nas pequenas singularidades, até mesmo nos pequenos defeitos, como partes indissociáveis do que os filhotes precisam para inaugurar sua vidinha no mundo. Mais do que em qualquer conhecimento científico, o autor acredita na sensibilidade das mulheres que se tornam mães. Se o recém-nascido ainda é um serzinho imaturo em relação ao que a adaptação ao mundo lhe exige, nem por isso a mãe deve deixar de apostar no rápido desenvolvimento de seus potenciais. Nada de gozar com a sensação onipotente de ser *tudo* para seu amado filhote. Ao atentar para o surgimento dos mínimos potenciais adaptativos do bebê, a mãe o ajuda a desenvolvê-los – "de acordo com o que ele tem a oferecer no momento e com a fase do desenvolvimento em que se encontra" (p. 82).

Assim como as chamadas "doenças da infância" contribuem para o fortalecimento da resistência do corpo saudável, os pequenos erros das mães suficientemente boas contribuem para o robustecimento psíquico e emocional dos filhotes. Retomo a citação que escolhi como epígrafe deste prefácio. Escreve o autor: "O bebê, entretanto, nunca foi mãe. O bebê nem mesmo já foi bebê antes. Tudo é uma *primeira experiência* para ele. Não há referência" (p. 111).

Para a aventura dos primeiros dias, em que as mães se lançam em tarefas de equilibrista sem nenhuma rede para aparar as quedas, o autor convida os adultos a confiar também... na imaginação! Encerro esta breve introdução com o convite do pediatra aos leitores especialistas e leigos – em particular às mães de seus pequenos pacientes. O que mais pode se esperar de um psicanalista, seja ele de crianças ou de adultos? "Devo estar preparado para lidar com certa dose de imaginação, já que é assim que deve ser, afinal somos mais do que um conjunto de fatos; e o modo como percebemos nossas experiências e a forma como elas estão entrelaçadas com nossos sonhos formam parte desse todo que chamamos vida e experiência individual" (p. 92).

NOTA DOS ORGANIZADORES

Nos anos que se seguiram à morte de Donald Winnicott, em 1971, foi decidido que seus papéis inéditos, bem como aqueles trabalhos que haviam aparecido apenas em periódicos e em antologias, seriam publicados em coleções assinadas sob seu próprio nome, e não dos organizadores. Os ensaios reunidos neste livro referem-se especificamente aos processos psicológicos que ocorrem com o bebê por volta da época de seu nascimento e um pouco depois disso, quando o bebê e a mãe ainda não estão separados na mente rudimentar do bebê. Os ensaios também examinam as implicações que esses processos trazem àqueles que se ocupam de cuidar de recém-nascidos e de suas mães. Esperamos que os profissionais dessa área considerem este livro valioso e prazeroso, e que ele atinja uma nova geração de leitores capazes de se valer da habilidade de Winnicott de enxergar o permanente no efêmero.

Ray Shepherd e Madelaine Davis
Londres, 1986.

1

A MÃE DEDICADA COMUM
[1966]

Como dizer algo novo sobre um tema tão conhecido? Meu nome ficou ligado a essas palavras e talvez seja melhor começar com uma explicação.[1] No verão de 1949, eu e a produtora da BBC Isa Benzie – que hoje já está aposentada e de cujo nome gosto de me lembrar – caminhávamos à procura de um lugar para beber quando ela me convidou para realizar uma série de nove palestras sobre qualquer tema que me agradasse. Claro, ela estava atrás de alguma frase de efeito, coisa que eu ainda não tinha percebido. Aleguei que não havia nenhum interesse da minha parte em dizer para as pessoas o que elas deveriam ou não fazer. Até porque eu nem saberia fazer isso. Mas concordei que gostaria de conversar com mães sobre algo que elas já fazem bem – e o fazem bem simplesmente porque toda mãe se dedica à tarefa que tem em mãos, ou seja, cuidar de um bebê, ou talvez de gêmeos. Disse que isso é comum, e que é uma exceção um bebê não ser cuidado desde o

---

1 Palestra apresentada em Londres em 16 de novembro de 1966 na Associação de Escolas de Enfermagem da Grã-Bretanha e da Irlanda do Norte. [N.E.]

I. A MÃE DEDICADA COMUM

início por uma especialista. Depois de poucos metros de caminhada, Isa Benzie juntou os pontos e disse: "Maravilha! A mãe dedicada comum". E assim a ideia nasceu.

Dá para imaginar que fui um pouco massacrado por conta dessa expressão, e há muita gente que supõe que eu seja sentimental com as mães, que as idealize, que deixe os pais de fora, e que não percebo que algumas mães são bem ruins, até mesmo insuportáveis. Tenho de aguentar essas pequenas inconveniências porque não me envergonho do que está pressuposto nessas palavras.

Há também quem me critique porque afirmei que o fracasso de mães nesse estágio de mãe dedicada comum é um dos fatores na etiologia do autismo. Isso é tomado como uma acusação quando alguém segue a lógica até o fim e se refere aos efeitos do fracasso da mãe dedicada comum. Mas, se o que chamamos de dedicação realmente é tão importante, não seria natural que sua ausência ou seu relativo fracasso trouxessem consequências negativas? Retornarei a esse tema quando discutirmos o significado da palavra *culpa*.

Percebo que não posso deixar de dizer o óbvio. Parece banal quando digo que, por *dedicada*, quero dizer, apenas, *dedicada*. Se todo final de semana a sua tarefa é fazer os arranjos de flores para o altar da igreja que frequenta, você nunca se esquece disso, porque é sua responsabilidade. Na sexta-feira, você se assegura de que as flores estejam lá para os arranjos; se fica gripada, começa a telefonar para todo mundo, manda uma mensagem para alguém por intermédio do leiteiro, mesmo que não goste quando outro congregado faz arranjos bonitos em seu lugar. Mas é inconcebível que todos se reúnam no domingo e o altar esteja vazio ou as flores estejam mortas em vasos sujos, deixando o santuário desagradável em vez de agradável. Ainda assim, não se pode dizer – espero – que você tenha ficado, de segunda a quinta-feira, ansiosa e preocupada. O assunto repousa no fundo da sua mente, mas ressurge às sextas, e talvez aos sábados, para tirar seu sono. De maneira similar, as mulheres não ficam o tempo todo para lá e para cá pensando que deveriam estar cuidando de um bebê. Elas jogam golfe, têm um trabalho no qual ficam totalmente absortas, fazem, com muita naturalidade, todas as mesmas coisas que os homens, como ser irresponsáveis, achar que tudo vai dar certo ou participar de competições de motociclismo. Na comparação com as flores do altar, essa é a vida de segunda a sexta-feira.

Um dia, porém, as mulheres descobrem que se tornaram anfitriãs de um novo ser humano que decidiu se instalar dentro delas e que um dia, como o personagem interpretado por Monty Woolley em *Satã janta conosco*, faz exigências cada vez maiores até que, em um futuro muito, muito distante, a paz e a tranquilidade retornem ao reino; então essas mulheres voltam a poder expressar sua individualidade de forma mais direta. Durante esse fim de semana extremamente prolongado, elas passam por uma fase em que expressam sua individualidade por meio da identificação com algo que, com sorte, se tornará um bebê, e que se tornará autônomo e morderá a mão que o alimentou.

Existe, contudo, esse período de nove meses bastante útil durante o qual ocorre uma mudança gradual na mulher, que troca um tipo de egoísmo por outro. Isso também pode ser observado em pais, assim como nas pessoas que decidem adotar um bebê, que alimentam essa ideia e ficam animadas com ela até chegar ao ponto em que esse bebê precisa se tornar real – infelizmente, quem adota às vezes se desaponta nesse

I. A MÃE DEDICADA COMUM

momento e, quando por fim encontra o bebê, já não tem mais tanta certeza de que o deseja. Gostaria de destacar a importância desse período de preparação. Quando eu era estudante de medicina, tinha um amigo poeta. Como muitos de nós, ele vivia em quartinhos alugados nos bairros populares de North Kensington. Eis como encontramos um lugar para ficar: meu amigo poeta, que era muito alto, preguiçoso e estava sempre fumando, caminhou por uma rua cheia de casinhas iguais até encontrar uma que parecia simpática. Tocou a campainha. Uma mulher veio atendê-lo e ele foi com a cara dela. Então, meu amigo disse: "Quero me instalar aqui". Ela respondeu: "Tenho um quarto vago. Quando você viria para cá?". "Já estou aqui", devolveu ele. Então ele entrou, viu o quarto e disse: "Não estou me sentindo bem, então vou direto para a cama. A que horas posso tomar chá?". E foi logo se deitando e continuou tendo esse lugar para se deitar pelos seis meses seguintes. Em poucos dias, todos nós já estávamos muito bem acomodados, mas o poeta continuou a ser o hóspede predileto da dona da casa.

A natureza, no entanto, decretou que bebês não escolhem suas mães. Eles apenas aparecem, e as mães têm algum tempo para se reorientar, para descobrir que por alguns meses o seu oriente não fica a leste, mas no centro (ou seria um pouco fora do centro?).

Como você já deve supor, e creio que todos concordem, penso que é *comum* a mulher entrar em uma fase, da qual é *comum* ela se recuperar em algumas semanas ou meses após o nascimento do bebê. Durante essa fase, em grande medida, a mãe é o bebê e o bebê é a mãe. Não há nada de místico nisso. Afinal, ela já foi um bebê e tem em si as memórias de já ter sido um bebê; ela também tem memória de ter sido cuidada, e essas memórias ou ajudam ou atrapalham suas experiências como mãe.

Penso que, quando o bebê está pronto para o nascimento, a mãe – se amparada de forma adequada por seu companheiro, pelo Estado de bem-estar social ou por ambos – está preparada para essa experiência em que ela sabe extremamente bem quais as necessidades do bebê. Não me refiro apenas à sua capacidade de reconhecer se o bebê está ou não com fome e esse tipo de coisa; refiro-me às incontáveis sutilezas, sutilezas que só meu amigo poeta seria capaz de descrever com palavras. De minha parte, contento-me em usar a palavra *segurar* [*hold*], estendendo seu significado para tudo o que a mãe é e faz durante esse período. Creio que esse momento seja crucial, mas quase nunca ouso dizer isso, pois seria uma pena fazer uma mulher se sentir consciente de si mesma justo naquilo que ela é e faz com naturalidade *naturalmente*. É esse o tipo de coisa que a mãe não aprende em livros. Nem mesmo as obras de Benjamin Spock[2] têm serventia quando a mãe sente que o bebê precisa de colo, que precisa ficar solto ou sozinho ou que deve ser virado, ou quando ela sabe que o essencial é a mais simples de todas as experiências, baseada no contato sem atividade, quando é possível sentir a unidade entre duas pessoas que, de fato, são duas, e não uma. Esses momentos dão ao bebê a oportunidade de ser, e deles surge o próximo passo, que tem a ver com a ação, tanto aquela que é feita como a que é recebida. Essa é a base

---

2 Pediatra e psicanalista estadunidense que viveu de 1903 a 1998 e escreveu alguns dos livros mais populares sobre cuidado infantil do século XX, como *The Common Sense Book of Baby and Child Care* (1946), publicado no Brasil como *Meu filho, meu tesouro. Como criar seu filho com bom senso e carinho* (Rio de Janeiro: Record, 1960). Spock foi autor do prefácio da edição estadunidense de *Bebês e suas mães*. [N.E.]

I. A MÃE DEDICADA COMUM

para aquilo que se torna, gradativamente, no bebê, a experiência de si mesmo.

Tudo isso é muito sutil, mas, ao se repetir de novo e de novo, contribui para o estabelecimento da capacidade do bebê de sentir-se real. Com essa capacidade, o bebê consegue encarar o mundo, ou (melhor dizendo) pode prosseguir com o processo de amadurecimento herdado.

Quando essas condições estão presentes, como em geral estão, é possível ao bebê desenvolver a capacidade de ter sentimentos que correspondem em certa medida aos da mãe, que está identificada com seu bebê; em outras palavras, que está profundamente envolvida com seu bebê e com o cuidado dele ou dela. Aos três ou quatro meses de idade, o bebê consegue demonstrar que já entende o que é ser uma mãe, isto é, uma mãe nesse estado de dedicação a algo que não é de fato ela mesma.

É preciso ter em mente que o que surge no início da vida precisa de muito tempo para se converter em um mecanismo mais ou menos estabelecido nos processos mentais da criança. Algo que esteve presente pode desaparecer, e isso é esperado. Meu objetivo aqui é destacar que, assim como tudo o que é complexo só pode surgir de algo mais simples, na saúde também a complexidade da mente e da personalidade se desenvolve gradativamente e por meio de um progresso consistente, sempre do simples para o complexo.

Com o passar do tempo, o bebê precisa que a mãe falhe ao se adaptar – e esse fracasso também é um processo gradual que não se aprende nos livros. Seria angustiante para a criança continuar se sentindo onipotente mesmo depois de desenvolver o aparato necessário para lidar com frustrações e eventuais falhas do ambiente. A raiva que não se transforma em desespero pode trazer muita satisfação.

Pais e mães sabem o que quero dizer quando afirmo que, mesmo quando sujeitam os filhos às piores frustrações, em nenhum momento eles os deixam na mão – ou seja, o "apoio egoico" [*ego support*] ao ego do bebê foi confiável. Em nenhum momento ele acordou chorando sem que ninguém estivesse por perto para ouvir. Em termos mais diretos, você nunca tentou se desvencilhar de seu filho com mentiras.

Isso tudo significa não apenas que a mãe conseguiu se colocar inteira nesse trabalho de cuidar de seu bebê, como também que teve muita sorte. Nem preciso dizer quantas coisas ruins podem acontecer até mesmo com as famílias mais estruturadas. Ainda assim, vou dar três exemplos que ilustram três tipos de problema. O primeiro é puro azar – a mãe fica doente e morre, deixando seu bebê da pior maneira possível. Ou, então, a mãe engravida de novo antes do planejado. Embora ela seja responsável até certo ponto por essa complicação, essas coisas não são tão simples quanto parecem. A mãe também pode ficar deprimida e sentir que priva seu filho daquilo de que ele necessita, porém ela não consegue evitar as mudanças de humor, que podem muito bem ser reações a algo que afetou sua vida privada. É ela que está causando o problema, mas ninguém a culparia por isso.

Em outras palavras, existem muitas maneiras de desapontar um bebê antes que ele aprenda a se defender de feridas e mutilações na personalidade.

A esta altura, preciso retomar a ideia de culpa. É necessário observar o crescimento e o desenvolvimento humano com todas as complexidades internas e particulares da criança e, diante disso, poder dizer: neste ponto o fator "mãe dedicada comum" falhou, mas sem culpar ninguém. Da minha parte, não tenho o menor interesse em apontar culpados. Mães e pais já se culpam (e essa é outra questão), e de fato se culpam por quase qualquer

I. A MÃE DEDICADA COMUM

coisa, até mesmo por terem um filho com síndrome de Down, por exemplo, ainda que ninguém seja responsável por isso.

Contudo, precisamos ser capazes de analisar a etiologia e, se necessário, apontar que algumas das falhas que observamos no desenvolvimento têm origem no fracasso do fator "mãe dedicada comum" em determinada fase e até certo ponto. Isso nada tem a ver com responsabilidade moral, que é um tema para outro momento. De qualquer forma, teria eu sido uma boa mãe?

Tenho uma boa razão para acreditar que devemos ser capazes de atribuir relevância etiológica (não culpa), e essa razão é a de que, de nenhum outro modo, podemos reconhecer o valor positivo do fator "mãe dedicada comum" – a necessidade vital que cada bebê tem de que alguém lhes facilite os estágios iniciais dos processos de crescimento psicológico, psicossomático ou, podemos dizer, do desenvolvimento dessa personalidade humana, que é a mais imatura e absolutamente dependente.

Em outras palavras, não acredito na história de Rômulo e Remo, por mais que respeite as lobas. Se acreditarmos que existe um fundo de verdade no mito, com certeza algum ser humano encontrou os fundadores de Roma e cuidou deles. Não quero com isso dizer que cada um de nós *deve* algo às mulheres que fizeram isso por nós tantas vezes. Não existe dívida. Mas devemos a nós mesmos o reconhecimento intelectual de que, no início, éramos (psicologicamente) em tudo dependentes, e que por tudo quero dizer tudo mesmo. Por sorte, uma dedicação comum foi ao nosso encontro.

Seria possível dizer algo sobre por que é necessário que a mãe seja capaz de se adaptar de maneira tão íntima às primeiras necessidades de seu bebê?[3] É até que fácil falar sobre as necessidades mais óbvias, ainda que mais complicadas, das crianças mais velhas e daquelas que passaram da relação exclusiva com a mãe para os relacionamentos triangulares. É fácil perceber que as crianças precisam de um ambiente [*setting*] estável para resolver seus conflitos de amor e ódio e suas duas tendências principais, uma, que orienta esses conflitos ao progenitor do mesmo sexo, e outra que os orienta ao progenitor do sexo oposto. Podemos chamar isso de disposições hétero e homossexuais na relação de objeto.

Talvez você esteja esperando que eu fale sobre as necessidades do bebê nesse estágio inicial, quando quase sempre existe uma figura materna que não consegue pensar em mais nada ao longo dessa fase em que a dependência do bebê é absoluta. Já escrevi muito sobre esse tema em outras ocasiões, e o melhor que posso fazer em poucas palavras é um resumo. Quero frisar que é nessas primeiras e mais importantes semanas da vida do bebê que os estágios iniciais do processo de amadurecimento têm oportunidade de se transformar nas experiências desse bebê. Quando o ambiente facilitador – que deve ser humano e pessoal – é suficientemente bom, as tendências hereditárias de crescimento do bebê alcançam suas primeiras conquistas. É possível dar nome a essas coisas. A principal se resume na palavra *integração*. Todas as pequenas e singelas atividades e sensações que contribuem para formar o que reconheceremos como um bebê específico começam a se unir e possibilitam momentos de integração nos quais ele se torna uma unidade, ainda que, sem dúvida,

---

3 Este texto foi encontrado junto da transcrição da comunicação anterior e incluído na sequência pelos organizadores da edição original. [N.E.]

I. A MÃE DEDICADA COMUM

permaneça extremamente dependente. Pode-se dizer que o apoio do ego por parte da mãe facilita a organização do ego do bebê. Com o passar do tempo, o bebê começa a afirmar a própria individualidade e chega até mesmo a ter um senso de identidade. O processo todo parece muito simples quando caminha bem, e a base para tudo isso está nesse relacionamento inicial, quando bebê e mãe são um. Não há nada de místico nisso. A mãe tem um tipo de identificação com o bebê, um tipo muito sofisticado, que faz com que ela se sinta intensamente identificada com o bebê, embora, claro, não deixe de ser adulta. O bebê, por outro lado, se identifica com a mãe nos momentos tranquilos de contato, mas isso não é tanto uma conquista da criança, e sim do relacionamento que a mãe possibilita. Do ponto de vista do bebê, não existe nada além dele e, portanto, no início a mãe também é uma parte dele. Em outras palavras, eis o que muita gente chama de identificação primária. É o início de tudo e dá sentido a palavras muito simples, como *ser*.

Poderíamos usar um termo de origem latina, como *existir*, e falar em existência. E até criar uma filosofia, que chamaríamos de existencialismo. Porém, por alguma razão, preferimos começar com a palavra *ser* e, em seguida, com a afirmação *eu sou*. É importante destacar que *eu sou* não significa nada a não ser que *eu*, no início, *sou junto a outro ser humano* que ainda não se diferenciou. Por essa razão, é mais verdadeiro usar o termo *ser*, em vez de *eu sou*, que pertence ao estágio seguinte. Nunca é demais dizer que o ser é o início de tudo, sem o qual *fazer* e *ser feito* não teriam sentido. É possível induzir o bebê a se alimentar ou a fazer suas necessidades fisiológicas, contudo o bebê não sente essas coisas como uma experiência, a menos que esta seja construída por um tanto de simplesmente ser, suficiente para estabelecer um self que, com o tempo, se tornará uma pessoa.

O oposto de integração é o fracasso da integração, ou a desintegração após um estado de integração. Isso é insuportável. É uma das ansiedades mais básicas e inimagináveis da infância, que pode ser evitada pelo cuidado comum do tipo que quase todos os bebês têm, isto é, que recebem de um ser humano adulto. Vou enumerar de forma muito breve um ou outro processo de crescimento bastante similar. Não é possível presumir que a psique da criança se formará satisfatoriamente em conjunto com o soma, ou seja, com o corpo e suas funções. A existência psicossomática é uma conquista e, embora se baseie em uma tendência hereditária de crescimento, não se concretiza sem a participação ativa de um ser humano que segura e manuseia o bebê. Um colapso nesse âmbito se relaciona com as dificuldades que afetam a saúde do corpo, as quais, na verdade, derivam de alguma instabilidade na estrutura da personalidade. É possível notar que os colapsos que ocorrem durante esses processos iniciais de crescimento nos levam de imediato ao tipo de sintomatologia encontrada em hospitais psiquiátricos, de modo que a prevenção de problemas mentais graves tem início nos cuidados com a criança e nas coisas que surgem naturalmente nas mães que gostam de ter um bebê para cuidar.

Eu poderia mencionar também outra coisa, que tem a ver com os primórdios da relação de objeto. Isso já é adentrar uma visão mais sofisticada da psicologia, mas você reconhecerá que, quando a relação entre a mãe e o bebê é satisfatória, os objetos se tornam algo que o bebê consegue usar simbolicamente; não apenas o polegar para chupar, mas também coisas que podem ser seguradas, como um boneco ou um brinquedo. Um colapso aqui precisaria ser medido pela incapacidade de estabelecer uma relação de objeto.

I. A MÃE DEDICADA COMUM

É importante deixar claro que, embora de início estejamos falando de coisas muito simples, também estamos lidamos com questões de importância vital, questões que têm a ver com a constituição dos alicerces da saúde mental. Claro, muito desse processo ocorre em estágios posteriores, porém só produz efeito quando o início é bom. Às vezes as mães podem se assustar ao pensar quão importante é o que fazem; em tais casos, é melhor não dizer nada, pois as deixaria conscientes demais do processo e elas acabariam não desempenhando tão bem seu papel. Essas coisas não se aprendem, e a ansiedade não substitui esse tipo muito simples de amor que é quase físico. Então, por que se dar ao trabalho de falar disso tudo? Gostaria de destacar que alguém precisa se preocupar com esses temas porque, do contrário, nos esqueceríamos da importância desses primeiros relacionamentos e interferiríamos neles com demasiada facilidade. E isso é algo que devemos evitar a qualquer custo. Quando a mãe tem a capacidade de muito simplesmente ser mãe, jamais devemos interferir. Ela não poderá lutar por seus direitos porque não os compreenderá. Tudo o que ela saberá é que isso a machuca. Mas o machucado não é um osso quebrado ou um corte no braço. É a personalidade mutilada do bebê. Com que frequência mães passam anos de sua vida tentando curar uma ferida que abrimos quando interferimos desnecessariamente em algo que era tão simples que parecia irrelevante?

2

SABER E APRENDER
[1950]

Existem muitas coisas que uma jovem mãe precisa aprender.[1] Os especialistas dizem coisas importantes sobre a introdução de alimentos sólidos, sobre as vitaminas e o uso de tabelas de ganho de peso. Mas a mãe também ouve falar sobre um tipo de coisa muito diferente, como sua reação quando seu bebê se recusa a comer. Creio que seja importante para você deixar bem claro que existe uma diferença entre esses dois tipos de conhecimento. Aquilo que você faz e sabe pelo simples fato de ser mãe de um bebê é tão distante daquilo que sabe porque aprendeu em algum lugar quanto a costa oeste da Inglaterra é da costa leste. Não posso deixar de enfatizar isso. Assim como o professor universitário que descobriu quais vitaminas previnem o raquitismo de fato tem algo a ensinar para você, você também tem

---

1 Programa transmitido pela BBC como parte da série *How's the Baby?* [Como vai o bebê?], destinada a mães, em 22 de março de 1950. Publicado originalmente em *The Child and the Family*. London: Tavistock, 1957. [N.E.]

2. SABER E APRENDER

algo a ensinar ao professor sobre esse outro tipo de conhecimento, que lhe ocorre naturalmente. A mãe que amamenta seu bebê simplesmente não precisa se preocupar com gorduras e proteínas enquanto se vê envolvida com os estágios iniciais. Quando o desmame acontece, por volta dos nove meses, o bebê passa a exigir um pouco menos dela, que começa a ter tempo livre para estudar fatos e conselhos oferecidos por médicos e enfermeiras. Obviamente, existem muitas coisas que ninguém aprende de maneira intuitiva, e a mãe quer que lhe expliquem como funciona a introdução de sólidos ou como aproveitar o tipo de alimento ao qual tem acesso para que o bebê cresça e continue saudável. Porém, ela precisa esperar para receber tais informações até que esteja no estado de espírito adequado.

É fácil notar como anos de pesquisas brilhantes se converteram em uma orientação médica sucinta sobre vitaminas, e podemos olhar com admiração o trabalho dos cientistas, a disciplina que esse trabalho demanda, e ser gratos a eles quando os resultados de suas investigações evitam muito sofrimento, por vezes transmitidos em conselhos muito simples, como acrescentar algumas gotas de óleo de fígado de bacalhau à dieta do bebê.

Ao mesmo tempo, um cientista atento ficaria admirado com a compreensão intuitiva da mãe, que permite a ela cuidar do bebê sem ter que aprender sobre isso. De fato, a principal riqueza dessa compreensão intuitiva é, na minha opinião, que ela *é* natural e não foi prejudicada pelo aprendizado.

A parte mais difícil de preparar uma série de palestras e livros sobre cuidados com os bebês é saber como não interferir naquilo que ocorre naturalmente às mães e, ao mesmo tempo, apresentar informações precisas sobre dados relevantes oriundos da pesquisa científica.

Eu quero que você se sinta confiante de suas habilidades como mãe, que não pense que, só porque não tinha como saber tudo sobre vitaminas, também não saberia, por exemplo, como segurar o seu bebê. Aliás, como segurar o seu bebê; eis um bom exemplo para acompanharmos.

Em inglês, a expressão "segurar o bebê" [holding the baby] tem um sentido bem definido; alguém que estava ajudando com alguma tarefa pula fora e a deixa na mão, e se diz que sobrou para você "segurar o bebê". Com isso, é possível perceber que todo mundo sabe que mães têm um senso natural de responsabilidade e, se estão com um bebê no colo, estão envolvidas de uma forma muito especial. É claro, sobra para muitas mulheres, literalmente, segurar o bebê quando o pai não é capaz de usufruir de seu papel nessa história, quando não é capaz de dividir com a mãe a enorme responsabilidade que um filho sempre deve ser.

Ou talvez não haja um pai. O comum, no entanto, é a mãe contar com o apoio do marido e, assim, ficar livre para ser propriamente mãe, e quando segura o bebê o faz com naturalidade, sem ficar pensando a respeito. Essa mãe ficará surpresa, caso eu fale sobre coisas como segurar um bebê como uma atividade qualificada.

Quando as pessoas veem um bebê, adoram quando podem ter a experiência de fazer apenas isso, segurar um bebê no colo. Você não entrega seu filho aos braços de alguém quando sente que isso não significa nada para ele. Bebês são de fato muito sensíveis ao modo como são segurados, então choram no colo de uma pessoa enquanto dormem contentes no colo de outra, mesmo quando ainda são bem pequenos. É um grande acontecimento quando a irmã mais velha pede para segurar o irmão-

2. SABER E APRENDER

zinho recém-nascido. A mãe sensata se lembrará de não deixar toda a responsabilidade na mão da criança e ficará o tempo todo por perto, pronta para pegar o bebê e trazê-lo de volta para a segurança de seus braços. A mãe sensata não parte do pressuposto de que a irmã mais velha está segura com o bebê nos braços. Se o fizesse, a mãe negaria a importância da ocasião. Conheço pessoas que nunca se esqueceram da terrível sensação de segurar o irmãozinho ou a irmãzinha pela primeira vez, do pesadelo de não se sentirem seguras. Nesse pesadelo, o bebê cai no chão, e o medo que se revela é o de machucá-lo, o que faz com que a irmã mais velha segure o bebê com força demais.

Tudo isso leva ao que você mesma faz com muita naturalidade por se dedicar a seu bebê. Você não se sente ansiosa nem aperta com força demais. Você não tem medo de deixar o bebê cair no chão. Você apenas adapta a pressão dos braços às necessidades dele, então se movimenta com suavidade e talvez até faça alguns sons. O bebê sente sua respiração, o calor que emana de sua respiração e de sua pele, então descobre que o jeito como você o segura é bom.

Claro, existem muitos tipos de mães, e algumas não estão lá muito satisfeitas com a forma como seguram seus filhos. Algumas se sentem um pouco em dúvida; o bebê parece mais feliz no berço. Talvez uma mãe assim tenha resquício do medo que sentiu na infância, quando era pequena e sua mãe deixou que segurasse um recém-nascido. Ou, então, ela tenha tido uma mãe que não foi especialmente boa nisso e agora tem medo de transmitir alguma insegurança do passado para seu bebê. Mães ansiosas usam o berço o máximo possível, ou até entregam os filhos aos cuidados de babás, cuidadosamente escolhidas pelo modo natural como seguram bebês. Existe espaço para todo tipo de mãe neste planeta, algumas serão boas em certas coisas e algumas serão boas em outras coisas. Ou será que eu deveria dizer que algumas serão ruins em certas coisas e algumas serão ruins em outras coisas? Há quem segure com ansiedade.

Acho que vale a pena prosseguir nesse tema, pois, se você segura bem um bebê, quero que saiba que está fazendo algo de muita importância. Essa é uma das pequenas peças que você usa para estabelecer uma boa base para a saúde mental dos novos membros da comunidade.

Imagine como seria.

Eis um bebê logo em seus primeiros dias (no que acontece no início vemos o que acontecerá, de novo e de novo, no futuro). Permita-me descrever três estágios da relação do bebê com o mundo (representado pelos braços, pelo corpo e pela respiração da mãe), deixando de lado a fome, a raiva e todas as outras grandes agitações. Primeiro estágio: o bebê está contido em si mesmo, é uma criatura viva, mas cercada pelo espaço. O bebê não sabe de nada, exceto de si [self]. Segundo estágio: o bebê move um cotovelo, um joelho ou se estica um pouco. O espaço foi atravessado. O bebê surpreendeu o ambiente. Terceiro estágio: você está segurando o bebê e dá um pulinho ao ouvir a campainha tocar ou o som da água ferver, e mais uma vez o espaço foi atravessado. Dessa vez foi o ambiente que surpreendeu o bebê.

Primeiro, o bebê contido em si mesmo ocupa o espaço que existe entre a criança e o mundo; depois, ele surpreende o mundo; e, por fim, o mundo o surpreende. Isso é tão simples que pode parecer uma sequência natural, e é, portanto, um bom ponto de partida para o estudo sobre como você segura seu bebê.

Tudo isso é muito óbvio, mas o problema é que, sem saber dessas coisas, você pode facilmente desperdiçar essa habilidade enorme, pois talvez não veja como explicar aos vizinhos,

2. SABER E APRENDER

ou ao seu marido, quão necessário é que você tenha um espaço para si mesma no qual será possível dar ao seu bebê uma base consistente para a vida.

Deixe-me colocar em outras palavras. Com o passar do tempo, o bebê no espaço se prepara para fazer o movimento que surpreende o mundo, e o bebê que encontrou o mundo dessa maneira começa, com o tempo, a se preparar para receber as surpresas que o mundo guarda.

O bebê não sabe que o espaço ao redor de si é mantido por você. Com que cuidado você evita que o mundo se imponha antes que o bebê o descubra! Nessa quietude viva, ritmada pela respiração, você acompanha a vida do bebê com a vida que está em você e espera pelos gestos que vêm do bebê, gestos que levam à descoberta daquilo que você é.

Se você se sente com muito sono, ou, sobretudo, deprimida, você coloca o bebê no berço, pois sabe que esse estado sonolento não tem vitalidade suficiente para sustentar a ideia que o bebê faz do espaço que o cerca.

Embora eu tenha falado especialmente sobre bebês pequenos e sobre como as mães fazem o manejo deles, isso não significa que não tenha me referido também a crianças mais velhas. É claro que na maior parte do tempo crianças maiores já passaram por situações muito mais complexas e, por isso, não precisam ser tratadas de forma tão especial como a que você naturalmente adota quando segura seu bebê que nasceu há poucas horas. Mas com frequência as crianças mais velhas precisam, só por uns minutinhos ou por uma horinha ou duas, voltar e trilhar novamente os passos que pertencem a estágios iniciais. Talvez seu filho tenha se machucado e venha chorando até você. Talvez se passem cinco ou dez minutos até que ele volte a brincar. Nesse meio-tempo, a criança ficou em seus braços, e você permitiu que se desenrolasse essa mesma sequência que acabo de descrever. Primeiro, você a segura nessa quietude viva; depois, esteve pronta para que ela se movesse e encontrasse você, enquanto enxugava as lágrimas; e, no tempo que foi possível, com muita naturalidade, você solta a criança. A criança também poderia estar cansada, triste, ou não se sentir bem. Qualquer que tenha sido a razão, durante alguns momentos ela voltou a ser um bebê, e você sabe que é preciso dar tempo para que deixe essa segurança essencial e retorne a condições normais.

Eu poderia ter escolhido muitos outros exemplos que demonstram o conhecimento que você já tem, porque é uma especialista nessas atividades que envolvem o cuidado com seu filho. Gostaria de encorajá-la a manter e a defender esse conhecimento tão especializado. Isso não é algo que possa ser ensinado. Depois você pode aprender muitas coisas com outros tipos de especialista. Mas aprender o que médicos e enfermeiras têm a ensinar só é seguro quando você consegue preservar aquilo que faz naturalmente.

Alguém poderia supor que tentei explicar como você deve segurar seu bebê. Para mim isso está longe de ser verdade. Busquei descrever diversos aspectos daquilo que você faz naturalmente, para que consiga reconhecer o que faz e para que perceba suas habilidades naturais. Isso é importante, pois pessoas insensatas muitas vezes tentarão ensiná-la a fazer coisas que você já sabe *fazer* melhor do que se alguém tentasse *ensinar*. Quando está segura disso, pode agregar a sua experiência como mãe todas as coisas que podem ser ensinadas, visto que há muitas coisas de valor que nossa civilização e nossa cultura têm a oferecer, desde que isso não implique perder aquilo que está em você de modo natural.

3

AMAMENTAÇÃO COMO FORMA DE COMUNICAÇÃO
[1968]

Abordo esse assunto como um pediatra que se tornou psica-nalista – e um psicanalista com vasta experiência no tipo de caso que chega ao consultório de psiquiatria infantil.[1] Para fazer meu trabalho, preciso ter uma teoria que dê conta tanto do desenvolvimento *emocional* como do desenvolvimento *físico* da criança em seu ambiente, e essa teoria precisa abarcar todo o espectro de possibilidades. Ao mesmo tempo, ela deve ser fle-xível para que os fatos clínicos sejam capazes de modificar as definições teóricas sempre que necessário.

Não tenho nenhum interesse específico em promover nem em incentivar a amamentação, ainda que de fato eu espere que o efeito do que venho dizendo há anos sobre esse assunto tenha sido esse, simplesmente porque, aqui, estamos diante de algo

---

1 Palestra preparada para uma conferência em Londres sobre amamentação, promovida pela National Childbirth Trust (NCT). Fun-dada em 1956, a NCT hoje é a maior instituição de caridade europeia voltada aos cuidados parentais. Na ocasião, Winnicott ficou doente e não pôde participar pessoalmente, mas a leitura de seu texto foi feita na conferência em 28 de novembro de 1968. [N.E.]

natural, e é provável que tudo aquilo que é natural tenha bases muito sólidas.

Para começar, gostaria de me dissociar de qualquer atitude sentimental em relação à amamentação, ou de qualquer propaganda que incentive a amamentação. A propaganda quase sempre tem um lado que acaba surgindo como reação a ela mesma. Não há dúvida de que vasto número de indivíduos no mundo de hoje foi criado de maneira satisfatória sem passar pela experiência da amamentação. Isso significa que há outras formas de um bebê experimentar intimidade física com a mãe. Entretanto, eu mesmo sempre fico chateado quando a amamentação não pode ocorrer, pois acredito que a mãe, o bebê ou ambos perdem alguma coisa quando não compartilham essa experiência.

Não estamos preocupados apenas com doenças ou distúrbios psiquiátricos; estamos preocupados com a riqueza da personalidade, a força do caráter e a capacidade de ser feliz, assim como com a capacidade de se revoltar e de fazer a revolução. É provável que a verdadeira força provenha do modo como o indivíduo experimenta esse processo de desenvolvimento que segue vias *naturais*, e é isso que esperamos para todas as pessoas. Na prática, é fácil perder de vista esse tipo de força, já que existe outra de igual medida que pode se originar do medo, do ressentimento, da privação e da sensação de nunca ter tido algo.

Se atentarmos aos ensinamentos dos pediatras, poderemos nos questionar se a amamentação é melhor do que outros tipos de alimentação. Alguns pediatras acreditam que a alimentação artificial, se bem-feita, pode ser mais satisfatória em termos anatômicos e fisiológicos, que são o foco das preocupações desses profissionais. Mas não precisamos dar o assunto por encerrado quando o pediatra acaba de falar, sobretudo quando ele parece se esquecer de que há muito mais em um bebê do

3. AMAMENTAÇÃO COMO FORMA DE COMUNICAÇÃO

que sangue e ossos. Do meu ponto de vista, a saúde mental do indivíduo começa a se estabelecer desde o início pela mãe que fornece o que chamei de ambiente facilitador, em meio ao qual os processos naturais de crescimento do bebê e as interações com o ambiente podem evoluir de acordo com o padrão herdado pelo indivíduo. A mãe está (sem saber) estabelecendo as bases da saúde mental do filho.

É mais do que isso, no entanto. Se considerarmos a saúde mental como garantida, a mãe estará (se tudo caminhar bem) estabelecendo as bases para a força de caráter e para a riqueza de personalidade do indivíduo. Em uma base tão sólida, com o passar do tempo o bebê poderá se relacionar criativamente com o mundo, desfrutando e usufruindo do que ele tem a oferecer, inclusive do patrimônio cultural. É lamentável quando um bebê não tem a chance de começar bem o suficiente, pois todo esse patrimônio cultural se torna irrelevante e a beleza do mundo não passa de uma imagem distante que não pode ser desfrutada. É nesse sentido que de fato há uns com tanto e outros com tão pouco, ainda que isso não tenha a ver com dinheiro, mas sim com a diferença entre aqueles que tiveram a chance de começar bem o suficiente e aqueles a que ela não foi dada.

O tema da amamentação com certeza é parte importante desse vasto problema, daquilo que queremos dizer quando afirmamos que uma pessoa teve a chance de começar em um ambiente suficientemente bom. Mas isso é apenas um dos lados da história. Os psicanalistas responsáveis pelas teorias do desenvolvimento emocional do indivíduo que utilizamos hoje também foram responsáveis, até certo ponto, pela ênfase excessiva no seio. Não é que estivessem errados, porém, com o passar do tempo, percebemos que a noção de "seio bom" é um jargão que representa maternagem e relações de parentesco satisfatórias de modo geral. Por exemplo, segurar e manusear são mais relevantes como indícios do manejo do que a experiência da amamentação. Sabe-se que muitos bebês que pareceram ter tido experiências satisfatórias com amamentação são insatisfatórios no sentido de já apresentarem algum defeito observável em seu processo de desenvolvimento e em sua capacidade de se relacionar com pessoas e de fazer uso de objetos – um defeito por terem sido segurados e manuseados de maneira inadequada.

Depois de deixar claro que a palavra *seio* e a ideia de amamentação são expressões que carregam consigo toda a técnica envolvida em ser mãe de um bebê, fico livre para destacar quão importante o *próprio seio* pode ser, o que tentarei fazer a seguir. Talvez vocês notem do que é que quero me distanciar. Quero me dissociar daqueles que tentam *forçar* as mães a amamentarem seus bebês. Conheci muitas crianças que passaram por maus momentos com mães que lutavam para fazer seus seios funcionarem, o que é algo impossível de ser feito, uma vez que está fora de qualquer controle consciente. A mãe sofre e o bebê sofre. Em alguns casos, a mamadeira traz enorme alívio quando enfim é usada, e algo passa a funcionar bem logo que o bebê se satisfaz com a quantidade adequada do alimento apropriado. Muitas dessas dificuldades poderiam ser evitadas se a amamentação não fosse tratada como religião. Acredito que, para uma mulher que *queira* amamentar o filho e o faça naturalmente, não existe insulto maior que uma autoridade, seja um médico, seja uma enfermeira, que afirma: "você *deve* amamentar seu bebê". Se eu fosse mulher, isso seria suficiente para me desanimar. Eu responderia: "Muito bem, então não vou". É uma pena que as mães creiam piamente em médicos e enfermeiras e

3. AMAMENTAÇÃO COMO FORMA DE COMUNICAÇÃO

pensem que, só porque eles sabem o que fazer quando as coisas dão errado ou quando uma cirurgia de emergência é necessária, também saberiam como ajudar mãe e bebê a estabelecer um relacionamento. Geralmente eles não têm a menor ideia sobre nada daquilo que tem a ver com a intimidade entre mãe e bebê.

Médicos e enfermeiras em geral deveriam compreender que, embora sejam necessários – e extremamente necessários – quando algo vai mal no aspecto físico, eles não são especialistas naquilo que concerne a essa intimidade, vital tanto para a mãe como para o bebê. Assim que começam a dar conselhos sobre esse tema, adentram um terreno perigoso, já que nem mãe nem bebê precisam disso. No lugar de conselhos, o que eles precisam é de um ambiente que estimule a confiança da mãe em si mesma. Um avanço importante dos últimos tempos é o pai poder estar cada vez mais presente no momento do nascimento, e essa participação pode contribuir para a compreensão da importância desses primeiros momentos em que a mãe olha para seu bebê antes de descansar. O mesmo vale para o início da amamentação. É algo que pode se tornar muito difícil, pois a mãe não consegue dar de mamar apenas por vontade própria. Ela precisa esperar pelas reações de seu próprio corpo, ou, outras vezes, essas reações podem ser tão intensas que ela mal consegue esperar pelo bebê e precisa de ajuda para dar conta do excesso de leite acumulado.

Porém, antes de educar médicos e enfermeiras sobre esses assuntos, devemos nos lembrar de que eles já têm muito a aprender, tendo em vista que as demandas da medicina e da cirurgia modernas são de fato enormes. Além disso, médicos e enfermeiras são pessoas como outras quaisquer. Então cabe aos pais conhecer e se conscientizar das próprias necessidades nesses estágios tão iniciais até que consigam se sentir realizados. Algumas vezes os pais têm a sorte de encontrar médicos e enfermeiras que compreendem qual é o papel dos pais e qual é o papel deles, e uma parceria assim é sempre feliz. Como é natural devido à minha ocupação, escuto muitas mães sobre as angústias provocadas por médicos e enfermeiras que, embora excelentes no cuidado físico, insistem em interferir, e com isso fazem de tudo, menos ajudar no relacionamento entre a mãe, o pai e o bebê.

Claro, existem mães que possuem dificuldades enormes ligadas a seus conflitos internos, os quais podem estar relacionados às experiências que elas mesmas tiveram na infância. Às vezes essas questões podem ser resolvidas. Mas, se a mãe tem dificuldade para amamentar, é errado tentar forçar uma situação que em algum momento pode fracassar e até mesmo se tornar um desastre. É péssimo quando aqueles que estão em posição de autoridade têm ideias preconcebidas sobre o que uma mãe deve ou não fazer em relação à amamentação. É frequente ver uma mãe que adotou outro tipo de alimentação, por dificuldades de amamentar, ser bem-sucedida no segundo ou no terceiro filho, e vemos quão feliz ela fica por isso ter ocorrido naturalmente. Mesmo que o bebê não possa mamar no seio, há muitas maneiras para uma mãe estabelecer uma relação de intimidade física com ele.

Agora gostaria de ilustrar como isso pode ser relevante desde os estágios iniciais. Eis uma mulher que adotou um bebê de seis semanas. Ela percebe que o bebê reage bem ao contato humano, ao carinho e aos cuidados que envolvem segurá-lo e manuseá-lo. Mesmo com apenas seis semanas de vida, porém, ela nota que ele já traz consigo um padrão adquirido de experiências anteriores. Um padrão que se relaciona apenas com a alimentação. Para fazer com que o bebê se alimentasse, a mãe

3. AMAMENTAÇÃO COMO FORMA DE COMUNICAÇÃO

precisava colocá-lo no chão ou em cima de uma mesa bem firme e, sem nenhum tipo de contato físico, segurar a mamadeira para que ele começasse a reagir sugando o líquido. Esse padrão alimentar anormal persistiu e se incorporou na personalidade da criança, deixando bastante nítido para qualquer pessoa que observasse seu desenvolvimento que essa experiência inicial de alimentação impessoal teve um efeito – um efeito que, nesse caso, não foi bom.

Se eu continuasse a dar exemplos, acabaria tornando o assunto confuso – afinal, trata-se de um tema que abarca muitos aspectos –, então acredito que o melhor seja recorrer às experiências de quem está me ouvindo e lembrá-los de que todas essas pequenas coisinhas que acontecem logo no início entre mãe e bebê são muito importantes, mesmo que pareçam ser tão naturais e óbvias.

Reconheço, portanto, o valor positivo da amamentação, desde que ela não seja tomada como absolutamente essencial nem seja forçada quando a mãe encontra alguma dificuldade. A parte mais óbvia do que gostaria de dizer tem a ver com a enorme riqueza relacionada à experiência da alimentação; nela, o bebê está acordado e alerta, e é toda a sua personalidade emergente que está engajada. No início, boa parte do tempo em que o bebê está acordado gira em torno da alimentação. De certa forma, ele está acumulando material para os sonhos, ainda que, em breve, muitas outras coisas venham a ser acrescentadas para reverberar a realidade interior do bebê que dorme e, obviamente, sonha. Os médicos falam tanto sobre saúde e doença que às vezes se esquecem da imensa variabilidade da saúde, das variações que permitem que uma experiência seja fraca, insossa e até mesmo entediante para uma criança enquanto, para outra, seja quase estimulante demais,

42

quase colorida demais, quase repleta de sensações e riquezas qualitativas demais para ser suportável. Para alguns bebês, a experiência da alimentação é tão entediante que deve ser um alívio chorar de raiva e frustração, algo que de todo modo parece real e envolve toda a sua personalidade. Portanto, a primeira coisa a fazer quando observamos a experiência de amamentação de um bebê é pensar na *riqueza* dessa experiência e no envolvimento de toda a personalidade. Muitas das características mais importantes que fazem parte da amamentação também estão presentes no uso da mamadeira. Por exemplo, a troca de olhares entre mãe e bebê, que é um aspecto dos estágios iniciais e não depende em nada do uso do seio em si. Ainda assim, podemos nos questionar se ao bico de borracha faltam o sabor, o cheiro e a sensorialidade que o bebê vivencia durante a amamentação. Sem dúvida, muitos bebês encontram meios de superar essa desvantagem; já em outros, é possível reconhecer a origem da supervalorização sensorial da borracha na supervalorização sensorial da experiência com o bico da mamadeira. A capacidade do bebê para experiências sensoriais pode ser percebida no uso daquilo que chamo de objetos transicionais, nos quais faz toda a diferença para o bebê se são de seda, náilon, lã, algodão, linho, borracha, se são um avental engomado ou um lenço molhado. Mas esse é outro tema, ao qual me refiro apenas para lembrar de que grandes coisas acontecem no mundinho do bebê.

Além da observação sobre as experiências do bebê – mais ricas quando o seio é usado em vez da mamadeira –, alguém poderia dizer que é preciso abordar aquilo que a própria mãe sente e experimenta. É quase desnecessário entrar nesse tema complexo para tentar descrever a realização que a mãe pode sentir quando sua fisiologia e sua anatomia, até então fonte

3. AMAMENTAÇÃO COMO FORMA DE COMUNICAÇÃO

de possíveis incômodos, de repente passam a fazer sentido, e ela se torna capaz de lidar com o medo de que o bebê a devore, pois descobriu que tem algo chamado leite, com o qual pode apaziguá-lo. Prefiro deixar isso para sua imaginação; contudo, é importante realçar que alimentar um bebê é sempre uma experiência prazerosa, mas a satisfação de uma mulher que consegue usar uma parte de seu próprio corpo para esse fim é de um tipo bem diferente. Essa satisfação se relaciona com suas próprias experiências de quando ainda era bebê, e tudo isso remonta ao início dos tempos, quando os seres humanos mal haviam se diferenciado dos outros mamíferos.

Chego agora ao que considero ser a observação mais importante sobre esse tema. E ela está relacionada com o fato de que há agressividade em um bebê. Com o passar do tempo, o bebê começa a chutar, a gritar e a arranhar. Há um uso muito vigoroso das gengivas no início da amamentação, que muito facilmente podem causar rachaduras nos mamilos; e alguns bebês seguram com tanta força com suas gengivas que chegam a provocar ferimentos graves. Mas não se pode dizer que fazem isso de propósito, porque ainda não há bebê o suficiente para entender o sentido da agressão. Com o tempo, contudo, eles desenvolvem um impulso de morder. Esse é o início de algo de extrema importância. Algo que pertence à região da crueldade, do impulso e do uso de objetos desprotegidos. No entanto, muito, muito rapidamente os bebês passam a proteger o seio e, mesmo quando já têm dentes, são raras as vezes em que mordem para machucar.

Isso ocorre não porque não tenham o impulso, mas por um efeito análogo ao da domesticação do lobo em cão, ou do leão em gato. No caso dos bebês humanos, entretanto, há um estágio muito difícil que não pode ser evitado. Se souber o que ocorre de antemão e se souber se proteger sem retaliar ou sem se tornar vingativa, a mãe distingue bem esse estágio em seu bebê, no qual, em certas ocasiões, ela é destruída.

Em outras palavras, sua única tarefa quando o filho a morde, a arranha, puxa seu cabelo e chuta é sobreviver. O bebê fará todo o resto. Se ela sobreviver, então o bebê encontrará um novo sentido para a palavra amor, e algo novo surgirá na vida dele, e isso é a fantasia. É como se agora o bebê pudesse dizer para a mãe: "Eu a amo porque você sobreviveu à minha tentativa de destruí-la. Em meus *sonhos* e em minhas *fantasias*, eu a destruo sempre que penso em você porque a amo". Esse é o processo que objetifica a mãe, coloca-a em um mundo que não é parte do bebê, que a torna útil.

Notem que estamos falando de um bebê que tem pouco mais de seis meses, mas também de uma criança de dois anos. Estamos tateando uma linguagem importante para a descrição geral do desenvolvimento posterior de uma criança, no qual ela se torna parte do mundo em vez de viver nesse mundo protegido, especializado ou subjetivo, criado pela enorme capacidade da mãe de se adaptar às necessidades de seu filho. Não podemos negar, porém, que até mesmo nos recém-nascidos isso já existe de maneira rudimentar.

Não é nossa tarefa, aqui, analisar essa transição tão importante na vida de cada criança, que permite a elas não só ser parte do mundo, como a fazer uso do mundo e a contribuir com ele. O mais importante agora é reconhecer o fato de que a base para o desenvolvimento saudável do indivíduo humano é a sobrevivência do objeto que foi atacado. No caso da mãe que alimenta o bebê, trata-se não apenas de sua sobrevivência como pessoa viva, mas também como alguém que não se transformou, nesse momento crucial, em uma pessoa vingativa ou que revida

3. AMAMENTAÇÃO COMO FORMA DE COMUNICAÇÃO

os ataques. Em pouco tempo, outras pessoas, entre elas o pai, assim como animais de estimação e os brinquedos, passam a desempenhar esse mesmo papel. Pode-se notar como é difícil para a mãe fazer a distinção entre o desmame e essa questão da sobrevivência do objeto que acabou de surgir para ser destruído devido aos processos naturais de desenvolvimento do bebê. Sem entrar nas complicações extremamente interessantes desse tópico, é possível dizer em linhas gerais que a característica essencial é a sobrevivência do objeto em tais circunstâncias. Com base nisso, é possível determinar a diferença entre o seio e a mamadeira. Em ambos os casos, a sobrevivência da mãe é fundamental. Ainda assim, certamente existe diferença entre a sobrevivência de uma parte do corpo da mãe e a sobrevivência de uma mamadeira. Nesse sentido, é possível citar essa experiência tão traumática para o bebê que é a quebra da mamadeira durante a alimentação, quando, por exemplo, a mãe acidentalmente a derruba no chão. Ou quando é o bebê que a empurra e a quebra.

Talvez seja possível, com base nessas observações, que cada um chegue por conta própria à mesma conclusão que eu quando digo que a sobrevivência do seio, que é parte da mãe, tem um significado em tudo diferente daquele da sobrevivência de uma mamadeira de vidro. Essas considerações me levam a ver a amamentação como mais um entre os fenômenos naturais que justificam a si mesmos, ainda que, se necessário, possam ser deixados de lado.

4

O RECÉM-NASCIDO E SUA MÃE
[1964]

Este é um tema tão complexo que penso duas vezes antes de acrescentar mais uma camada e ele.[1] Creio, ainda assim, que, se a psicologia tem validade no estudo de recém-nascidos, a única coisa mais complicada é a sua prática. No âmbito teórico, qualquer contribuição pode ou estar errada (e nesse caso o problema permanece inalterado), ou então conter um elemento de verdade que o simplificaria da forma como só a verdade é sempre capaz de fazer.

O recém-nascido e a mãe – o par mãe-bebê [*nursing couple*][2] –, eis um tema bastante amplo e o qual eu não gostaria de

---

[1] Palestra proferida para pediatras no simpósio "Os problemas fisiológicos, neurológicos e psicológicos dos neonatos", em Roma, abril de 1964. Publicada originalmente sob o título "The Neonate and His Mother" (*Acta Pediatrica Latina*, v. 17, 1964). [N.E.]

[2] Termo emprestado de Merrell Philippa Middlemore (1898–1938), psicanalista britânica que trabalhou com Winnicott no Paddington Green Children's Hospital e autora de *The Nursing Couple* (London: Hamish Hamilton Medical Books, 1941), um livro póstumo sobre amamentação de bebês, publicado no Brasil como *Mãe e filho na amamenta-*

4. O RECÉM-NASCIDO E SUA MÃE

abordar se fosse para descrever apenas o que se sabe sobre o recém-nascido. O que está em debate é a psicologia ela mesma e suponho que, ao olharmos para um bebê, enxergamos também a provisão ambiental e, por trás dela, a mãe.

Falo sobre "a mãe" com muito mais frequência do que sobre "o pai"; espero que os pais compreendam.

É necessário reconhecer a diferença total que deve existir entre a psicologia da mãe e a do bebê. A mãe é uma pessoa sofisticada, complexa. Já o bebê, no início, é o oposto disso. Muitas pessoas têm enorme dificuldade em atribuir qualquer traço que possa ser chamado de "psicológico" a um bebê de poucas semanas, ou mesmo de poucos meses, e, em geral, essa dificuldade é mais dos médicos do que das mães. Será que podemos dizer que existe uma expectativa de que as mães enxerguem muito mais do que de fato há e de que os cientistas enxerguem apenas o que já foi comprovado?

Ouvi certa vez que fisiologia e psicologia formam uma unidade no recém-nascido (John Davis).[3] Esse é um bom ponto de partida. A psicologia é a extensão gradual da fisiologia. Não é preciso um debate para definir quando essa mudança se dá; ela varia de acordo com os acontecimentos. Entretanto, a data de nascimento pode ser compreendida como um marco, um

---

ção: *Uma analista observa a dupla amamentar* (São Paulo: Ibrex, 1974). No Brasil, o termo *nursing couple* não tem tradução estabelecida; em geral é traduzido como "par mãe-bebê", mas, com menos frequência, também por "par lactante-lactente" ou "par mãe-lactente". [N.E.]

3 John Allen Davis (1923-), pediatra, colega de Winnicott no Paddington Green Children's Hospital. Fundou a cadeira de pediatria na Universidade de Cambridge e foi casado com Madeleine Vinicombe Davis, umas das organizadoras deste volume. [N.E.]

momento de enormes transformações, de modo que um bebê prematuro pode ficar psicologicamente bem melhor em uma incubadora, enquanto um bebê pós-termo não se sente bem nela, pois precisa de contato físico e de braços humanos.

Uma das minhas teses é de que as mães, a menos que sofram de algum distúrbio psiquiátrico, orientam a si mesmas para essa tarefa extremamente especializada durante os últimos meses da gravidez, e aos poucos se recuperam disso no decorrer das semanas e meses após o parto. Escrevi muito sobre esse tema, que denomino "preocupação materna primária". Nesse estado, as mães se tornam capazes de se colocar na pele da criança, por assim dizer. Em outras palavras, elas desenvolvem uma capacidade incrível de identificação com o bebê, e isso lhes possibilita ir ao encontro das necessidades da criança de um modo que máquina nenhuma seria capaz de imitar, algo que não dá para ser ensinado. Será que posso partir desse pressuposto para prosseguir e dizer que o protótipo de todo cuidado com o bebê é o ato de segurá-lo? Isto é, ser segurado por um ser humano. Sei que estendo o significado do termo "segurar", mas essa é uma definição sucinta e suficientemente verdadeira.

Um bebê que é segurado bem o bastante é um tanto diferente de um que não é. Do meu ponto de vista, qualquer descrição sobre bebês só tem valor se a maneira como ele foi segurado for bem apresentada. Por exemplo, acabamos de assistir a um filme especialmente relevante para mim. Um médico segura um bebê que anda, demonstrando a caminhada primária; quem observou o tom do médico notou quão cuidadoso e sensível ele foi, e que o bebê não se comportou da mesma forma que se comportaria caso outra pessoa o tivesse segurado. Creio que pediatras em geral são pessoas que conseguem se identificar com os bebês e que então sabem segu-

4. O RECÉM-NASCIDO E SUA MÃE

rá-los, e que talvez seja justamente essa capacidade de identificação que atrai as pessoas para a pediatria. Vale a pena mencionar aqui esse fato bastante óbvio, porque existe grande variação na descrição do comportamento dos bebês e, por essa razão, acredito que devemos sempre ter um filme da pessoa responsável pela pesquisa, para que possamos avaliar se esse indivíduo realmente sabia como a criança estava se sentindo naquele momento. Mesmo que de maneira resumida, é importante abordar essa característica do cuidado infantil, pois é nos estágios iniciais do desenvolvimento emocional, antes da organização dos sentidos e antes do surgimento de algo que denominaríamos ego autônomo, que ansiedades muito severas podem ser vividas. Na verdade, a palavra "ansiedade" é inadequada, porque a angústia do bebê nesse estágio é da mesma natureza do pânico, que, por sua vez, já é uma defesa contra a agonia que leva as pessoas a cometer suicídio para não terem de se lembrar dessa sensação. O uso de termos fortes nesse caso foi intencional. Imaginem dois bebês: um foi segurado (no sentido amplo que atribuo ao termo) bem o suficiente e não há nada que impeça seu rápido crescimento emocional, de acordo com suas tendências inatas. O outro não teve a experiência de ser bem segurado, seu crescimento foi distorcido e atrasado, e parte dessa agonia primitiva o acompanhou na vida e no viver. Vamos dizer que, nessa experiência corriqueira de segurar suficientemente bem, a mãe foi capaz de oferecer a função de ego auxiliar, e, assim, o bebê teve, desde o início, ainda que de forma muito frágil, um ego pessoal, impulsionado pela adaptação sensível da mãe e por sua capacidade de se identificar com as necessidades mais básicas de seu bebê. A criança que não teve essa experiência ou precisou desenvolver um ego prematuro ou então desenvolveu uma perturbação.

Creio ser necessário me expressar de forma muito simples porque nem sempre profissionais experientes nos aspectos físicos do corpo conhecem bem a teoria psicológica. De acordo com a psicologia do desenvolvimento emocional, é necessário um ambiente facilitador para que os processos de amadurecimento do indivíduo se concretizem. E, em pouco tempo, esse ambiente facilitador se torna extremamente complexo. Somente seres humanos são capazes de conhecer um bebê a ponto de possibilitar uma adaptação cada vez mais complexa para acompanhar as necessidades sempre cambiantes da infância. O amadurecimento, nos estágios iniciais – e de fato ao longo de todo o processo –, é sobretudo uma questão de integração. Não é possível repetir aqui tudo aquilo que foi escrito em minúcias sobre o desenvolvimento emocional primitivo, mas podemos destacar três etapas principais que o constituem: a integração do self, o estabelecimento da psique no corpo e as relações de objeto. Três funções da mãe correspondem mais ou menos a elas: segurar, manusear e apresentar objetos. Esse é um assunto muito amplo, que busquei descrever em "O primeiro ano de vida",[4] mas aqui tento me manter mais próximo do momento do nascimento.

Notem que chamo a atenção para o fato de que os bebês são humanos desde o início – supondo, é claro, que tenham um aparato eletrônico intacto. Sei que aqui não preciso chamar atenção para o fato de bebês serem humanos. Esse é o denominador comum da psicologia que pertence à pediatria.

É difícil encontrar um meio para definir quando se dá o início das pessoas. Se uma pessoa existe – como alguém poderia argumentar – para acumular experiências, reuni-las, sentir e

---

4   In: Donald W. Winnicott, *A família e o desenvolvimento individual*, trad. Marcelo Brandão Cipolla. São Paulo: Martins Fontes, 2011.

4. O RECÉM-NASCIDO E SUA MÃE

distinguir cada sentimento, ficar apreensivo nos momentos apropriados e começar a organizar defesas contra o sofrimento mental, então eu diria que o bebê É, e o estudo do bebê desse momento em diante deve incluir a psicologia. [Ver "As origens do indivíduo", a seguir]

Há várias tentativas de estudar os bebês por meio da observação direta. Basta mencionar a bibliografia do segundo volume do livro *Determinants of Infant Behavior* [Determinantes do comportamento infantil].[5] Não falarei especificamente desse tipo de estudo, e alguém poderia até perguntar por que não, já que a observação direta é necessária para justificar os estudos de muitos daqueles que trabalham com as ciências do corpo (como muitos dos presentes aqui). Porém, prefiro usar estes poucos minutos para tentar passar a vocês um pouquinho de minha experiência como psicanalista e psiquiatra de crianças, o que faço já há muito tempo, tendo vindo da prática pediátrica.

De que maneira a psicanálise contribui para esclarecer a psicologia do recém-nascido? Claro, há muito que pode ser dito sobre as peculiaridades psiquiátricas da mãe ou do pai; todavia, para dar conta desse tema, devo presumir que a saúde dos pais vai bem e estudar apenas a criança, cuja saúde física se presume também estar boa.

A psicanálise veio, em primeiro lugar, nos ajudar por meio de uma teoria do desenvolvimento emocional – a única disponível, na verdade. Contudo, no início da psicanálise, as questões da infância eram vistas apenas no simbolismo dos sonhos, nas questões de sintomatologia psicossomática e no brincar imaginativo. Aos poucos, a psicanálise estendeu seu alcance e pas-

---

5 Brian M. Foss (Org.), *Determinants of Infant Behaviour*, v. 2. London: Tavistock/Ciba Foundation, 1961.

sou a ser aplicada em crianças mais novas, com cerca de dois anos e meio. Entretanto, isso não dá conta do que precisamos neste momento, pois crianças dessa idade estão surpreendentemente muito distantes do que eram na primeira infância, a não ser que sejam doentes ou imaturas.

Quero dizer que, do nosso ponto de vista, a transformação mais importante da psicanálise foi a inclusão do estudo de pacientes psicóticos no trabalho dos analistas. As descobertas mais recentes indicam que, se a psiconeurose leva o analista à infância do paciente, a esquizofrenia o leva ao início da vida, ao começo, ao estágio de dependência quase absoluta. Em poucas palavras, casos assim experimentaram falhas no ambiente facilitador em um momento em que o ego imaturo e dependente ainda não tinha adquirido a capacidade de organizar suas defesas.

Para delimitar ainda mais esse campo, o paciente ideal para o pesquisador que estuda a psicologia da primeira infância dessa maneira é o esquizofrênico *borderline*, cuja personalidade é funcional o suficiente para se submeter à análise e realizar esse cansativo trabalho, necessário para trazer alívio à parcela mais doente de sua personalidade. Tudo o que posso fazer é demonstrar como um paciente severamente regredido, que se encontra em tratamento analítico regular, pode aprofundar nossa compreensão sobre a criança. De fato, o bebê está lá no divã, ou no chão ou em algum outro ponto, e a dependência está presente em toda sua magnitude, a função do ego auxiliar do analista está ativa, e a observação do bebê se dá de forma direta, a não ser pelo fato de que o paciente é uma pessoa adulta, com certo grau de sofisticação. Temos que levar em conta essa sofisticação porque ela distorce nossa visão.

Quero que saibam que estou ciente dessas distorções e de que esta apresentação não pretende provar nada – mas quem

4. O RECÉM-NASCIDO E SUA MÃE

sabe possa auxiliar. Eis dois exemplos em que tento demonstrar que sei algo sobre tais *distorções*.

Primeiro, um menino esquizofrênico com quatro anos de idade. A mãe e o pai se dividem nos cuidados com o filho. Ele tem recebido atenção muito especial e, como não é um caso muito grave, aos poucos se recupera. Em meu consultório, ele brinca que está nascendo de novo de sua mãe. Endireita as pernas dela enquanto está em seu colo e, então, escorrega por elas até o chão; e isso ele repete muitas e muitas vezes, de novo e de novo. Trata-se de um jogo específico que deriva do relacionamento especial que o menino tem com a mãe, ligado ao fato de ela ter se tornado mais uma enfermeira da saúde mental de uma criança doente do que uma mãe. Agora, esse jogo guarda um simbolismo, que se conecta a todas as coisas que pessoas quaisquer, comuns, gostam de fazer; também se conecta ao modo como o nascimento aparece nos sonhos. Seria essa uma memória que o menino teria de seu próprio nascimento? Não, isso não é possível, porque ele nasceu de cesariana. O que quero dizer é que qualquer tentativa de ver o passado em um paciente deve ser constantemente ajustada, e tenho consciência disso, ainda que o simbolismo seja adequado.

Segundo, uma mulher histérica que "lembrava" de seu próprio nascimento. Ela se recordava de tudo nos mínimos detalhes e tinha sonhos angustiantes sobre isso, até mesmo um no qual o médico se aproximava, de fraque e cartola, com uma pasta nas mãos, e ela se lembrava de tudo o que ele havia falado com sua mãe. Isso, é óbvio, não passa de uma típica distorção histérica, ainda que não exclua a possibilidade de que a paciente *também* estivesse lidando com memórias reais do nascimento. Esse tipo de material onírico não pode ser usado nesta discussão porque é claro que, como adulta, ela conhecia a dinâmica de um parto, além de ter muitos irmãos mais novos. Por contraste, posso me referir ao caso de uma menina de dois anos que representava sua irmãzinha que estava para nascer. Ela estava tentando estabelecer um novo tipo de relacionamento com sua irmãzinha, e havia algo em específico que precisávamos fazer. Ela sabia exatamente o que queria quando chegou, então me colocou no chão entre os brinquedos e me fez ser "ela". Em seguida saiu e trouxe seu pai, que estava na sala de espera (a mãe teria servido, mas era o pai quem estava lá), sentou-se em seu colo, e agora era hora de ela ser o bebê prestes a nascer. Primeiro, ela pulou no colo do pai, então escorregou pelas pernas dele e se jogou no chão, dizendo: "Sou um bebê!". Em seguida, olhou em minha direção; eu tinha uma função específica a representar. Vejam bem, eu era ela, então ela me dizia mais ou menos o que fazer, como ficar muito bravo e jogar os brinquedos no chão e dizer "não quero uma irmãzinha!", coisas desse tipo. Como veem, a menina não teve dificuldades em interpretar o processo do parto deslizando rumo ao chão, e ela fez isso umas dez vezes até que o pai não aguentasse mais, de modo que ela teve que começar a nascer do topo da cabeça dele; mas ele não se incomodou muito com tudo aquilo, era um professor universitário e tinha muita coisa boa na cabeça.

Quero tentar colocar algumas coisas em prática agora, e, para começar, gostaria de falar um pouco sobre o reflexo de Moro.[6]

---

6 Reflexo que se manifesta em bebês com até seis meses de idade, descoberto pelo pediatra austríaco Ernst Moro (1874–1951) e utilizado para diagnosticar distúrbios do sistema nervoso central. Trata-

4. O RECÉM-NASCIDO E SUA MÃE

Creio que todos vocês já estejam familiarizados com o tema, então não preciso descrever a forma previsível com que o bebê reage ao perder a sustentação de sua cabeça por um breve momento. Esse é um dos aspectos do que chamo de *maternagem insuficientemente boa*, isolado aqui para fins de estudo científico. Esse é exatamente o tipo de coisa que uma mãe jamais faria com seu bebê. Quer dizer, acho que o único motivo pelo qual os médicos não levam um tapa na cara quando fazem isso é porque são médicos, e as mães morrem de medo deles. Claro, um único reflexo de Moro não provoca nenhum dano à psicologia da criança, mas imaginem um bebê que calhou de nascer de uma mãe que sente certo fascínio pelo reflexo de Moro, o que faz com que a cada vinte minutos ela pegue seu filho no colo e deixe a cabeça dele pender só para ver o que acontece; essa criança não tem uma mãe suficientemente boa. Logo, isso é justamente o que as mães não fazem com seus filhos. Embora nem sempre haja palavras para descrever o que uma mãe sente por seu bebê, assim que o pega, ela o aninha em seus braços.

Gostaria, agora, de falar sobre o tratamento analítico de uma paciente. Essa mulher precisava de uma longa e profunda regressão à dependência. Seu tratamento durou muitos e muitos anos e me proporcionou uma oportunidade única de observar a infância, o surgimento da infância em um adulto. Um bebê submetido ao teste do reflexo de Moro não consegue falar sobre o que ocorreu. Já a paciente, depois de se recuperar de cada período de regressão profunda, volta a ser um adulto com

---

-se de uma resposta a sustos ou a movimentos bruscos que envolvem a perda súbita de apoio, no qual o bebê contrai o pescoço, jogando a cabeça para trás, e estica os braços, as mãos e as pernas para depois relaxá-los. [N.E.]

conhecimento e sofisticação. Ela consegue falar. Entretanto, é preciso levar em conta o fato complicador de que ela não é só um bebê, mas também uma pessoa sofisticada.

Nos estágios bem iniciais do desenvolvimento emocional, aos quais a paciente regrediu, existe uma ideia muito simples de self. Na verdade, com uma maternagem suficientemente boa, basta haver um esboço bem rudimentar de self, ou nem mesmo precisa haver um. Ser mal segurado (ou sofrer uma falha ambiental que desencadeie o reflexo de Moro) força o bebê a uma consciência prematura para a qual ele não está preparado. Se pudesse falar, o bebê diria: "Aqui estava eu, desfrutando da continuidade de ser. Não tenho nenhuma ideia sobre qual seria a representação adequada para o meu self, mas poderia ser um círculo". (Interrompendo o bebê nesse ponto, tenho a impressão de que quem vende balões nos parques no domingo de Páscoa – pelo menos na Inglaterra – se esquece de que o que as crianças gostam é de uma simples esfera que não obedece às leis da gravidade. Elas não querem focinhos ou orelhas, nem textos escritos nos balões ou coisas do gênero.) "A representação do meu self poderia ser um círculo" (o bebê dizia). "De repente, aconteceram duas coisas terríveis; a continuidade do meu ser, que no momento é tudo o que tenho em termos de integração pessoal, foi interrompida, e foi interrompida porque eu tive que ser em duas partes, um corpo e uma cabeça. A nova representação que fui repentinamente obrigado a fazer de meu self é uma de dois círculos desconectados, em vez daquele único círculo sobre o qual eu nem mesmo precisava saber antes que essa coisa horrível acontecesse." O bebê está tentando descrever a cisão da personalidade e também a consciência prematura gerada pela sensação de ter perdido a sustentação da cabeça.

4. O RECÉM-NASCIDO E SUA MÃE

O fato é que o bebê foi submetido a um sofrimento mental, e esse é justo o sofrimento mental que o esquizofrênico leva consigo como memória e como ameaça, e que torna o suicídio uma alternativa razoável à vida.

Mas não terminei de falar sobre minha paciente, ainda. Talvez vocês se perguntem por que havia nela esse impulso para regredir à dependência, e primeiro preciso responder a essa dúvida. Em casos conhecidos como *"borderline"* [limítrofes], há um impulso para a progressão do desenvolvimento emocional que foi contido. Não existem meios de relembrar as primeiras experiências da vida sem revivê-las, mas, como algumas dessas experiências foram excessivamente dolorosas na época, pois ocorreram quando o ego não estava organizado e o ego auxiliar oferecido pela mãe era defeituoso, para reviver tais experiências é preciso uma situação cuidadosamente preparada e testada, como no *setting* oferecido pelo psicanalista. Além disso, o analista está lá para que, se tudo der certo, o paciente tenha alguém para odiar pelo fracasso original do ambiente facilitador, que distorceu os processos de amadurecimento.

No caso específico dessa paciente, muitos detalhes da primeira infância foram revelados e puderam ser discutidos com ela. Porém, com essa paciente em particular, fiz algo muito raro em minha prática. Em certo momento, durante essa análise peculiar, a paciente estava no divã com a cabeça apoiada em minhas mãos. Esse tipo de contato é incomum no trabalho psicanalítico, e cometi essa transgressão que nunca fez parte da psicanálise. Fiz um teste para ver se, soltando de repente sua cabeça, o reflexo de Moro apareceria. É claro, eu sabia o que iria acontecer. A paciente sofria uma terrível agonia mental. O motivo era ela ter sido dividida em duas, e, com base nisso, pudemos revelar o significado psicológico de sua agonia mental. Com o tempo, a paciente pôde me dizer o que havia acontecido com seu self infantil; ela me explicou que o círculo havia se transformado em dois círculos naquele momento, e essa experiência exemplifica uma personalidade cindida por uma falha específica no ambiente facilitador, uma falha de expansão do ego.

É muito raro que eu tenha a oportunidade de fazer um teste dessa natureza, já que meu trabalho como terapeuta implica não cometer os mesmos erros e falhas que causam sofrimentos mentais insuportáveis. Afinal, não posso sacrificar meus pacientes no altar da ciência. O pior é que as pessoas acabam cometendo todo tipo de erro pelo simples fato de serem humanas, então testes são realizados e temos de lidar com os resultados da melhor maneira possível. Nesse caso, porém, fiz o teste deliberadamente.

A partir desse pormenor, é possível notar que o reflexo de Moro *pode ou não* depender da existência de um arco reflexo. O que afirmo é apenas que ele não depende. Não *precisa* haver uma base neurológica, ou então a resposta pode ser tanto neurofisiológica como psicológica, e uma pode se tornar a outra. Em outras palavras, o que quero dizer é que não é prudente ignorar a psicologia quando se está em busca de uma definição completa.

Existem poucas agonias primitivas como essas. Elas incluem, por exemplo, a sensação de cair para sempre, todos os tipos de desintegração, bem como tudo o que separa a psique do corpo. Notem que estamos falando de temas ligados à progressão do desenvolvimento emocional que ocorre mediante uma maternagem suficientemente boa – uma progressão do desenvolvimento emocional do bebê. Ao mesmo tempo, em relação à esquizofre-

4. O RECÉM-NASCIDO E SUA MÃE

nia, existe uma regressão. O esquizofrênico tem o impulso de entrar em contato justamente com os processos que prejudicam a progressão nos estágios bem iniciais, ligados ao período neonatal. Essa maneira de ver a esquizofrenia contribui tanto para a compreensão da esquizofrenia em si como para a compreensão dos bebês.

Ainda há muito trabalho a ser feito no campo das memórias do parto e do significado da experiência do nascimento para o bebê. Não há tempo para desenvolver esse tema aqui. Entretanto, gostaria de falar sobre o sonho de uma jovem esquizofrênica que teve um nascimento difícil. Antes disso, porém, devo postular a existência de um nascimento normal – do ponto de vista psicológico –, no qual o trauma psicológico é mínimo. Da perspectiva do bebê, um nascimento normal ocorre quando a criança nasce porque está pronta para nascer; com um grande esforço ou por necessidade de respirar, por exemplo, o bebê faz alguma coisa e, de seu ponto de vista, o nascimento é algo "que ele mesmo provoca". Creio que isso não seja apenas normal, mas comum. Esses acontecimentos felizes não aparecem em nossos tratamentos analíticos tanto quanto o fazem em simbolismos, na invenção imaginativa e no brincar. É *aquilo que deu errado* que se apresenta para o tratamento, e uma dessas coisas é o atraso, infinito para o bebê, já que não há razão para ele esperar por uma saída.

Falarei agora de uma jovem esquizofrênica a quem dediquei 2500 horas do meu tempo. Seu QI era excepcionalmente alto – cerca de 180, creio eu. Ela se apresentou para o tratamento perguntando se eu poderia capacitá-la para cometer suicídio pelas razões certas e não pelas erradas. Nesse sentido, fracassei. Quando ela teve esse sonho, estava revivendo a experiência de seu próprio nascimento, com todas as distorções de uma mulher adulta e muito inteligente. Sua mãe era extremamente neurótica, e existem evidências de que minha paciente despertou para a consciência – se é que isso é possível (como creio ser) – alguns dias antes do nascimento, pois sua mãe sofreu um grave choque. O parto foi complicado por um caso de placenta prévia, detectado tarde demais. Essa jovem começou a vida com o pé esquerdo e nunca acertou o passo.

Durante essa tentativa de dar conta dos efeitos disso tudo, ela pegou emprestado meu exemplar do livro *O trauma do nascimento*, de Otto Rank. Vejam, outra complicação. Todas essas complicações devem ser aceitas e levadas em consideração no tipo de trabalho que descrevo. Na noite em que terminou de ler o livro, ela teve um sonho que acreditava ser extremamente significativo, e imagino que vocês hão de concordar. Esse tipo de sonho faz parte do cotidiano dos analistas. Se vocês estão acostumados a lidar com sonhos, sabem que isso exige confiança tácita do paciente no analista como a pessoa que o segura, ou seja, que faz o acompanhamento do caso e a análise. O sonho também representa seu estado permanente de paranoia, sua vulnerabilidade e sua inexperiência essencial contra a qual organizou todo tipo possível de defesa. Nesse momento, um psicanalista chamaria a atenção para o fato de que existem muitos elementos determinantes nesse sonho e que eles não poderiam remontar a um momento tão distante como o nascimento. Ainda assim, apresento esse caso a título de exemplo. Eis a ideia que a paciente tinha a respeito de seu nascimento:

Ela sonhou que estava sob uma pilha de brita. Toda a superfície de seu corpo estava tão sensível que é até difícil de imaginar. Sua pele estava queimada, e essa era sua maneira de dizer que estava extremamente sensível e vulnerável. Ela estava queimada dos pés à cabeça. Ela sabia que, se alguém *viesse e fizesse qualquer coisa que fosse* com ela, o sofrimento seria impossível de suportar, tanto físico como mental. Sabia do risco de as pessoas virem e tirarem a brita de cima dela para que pudesse ser tratada – a situação era intolerável. A paciente enfatizou que, junto com isso, havia sentimentos intoleráveis, comparáveis aos de quando tentara o suicídio. (Ela já havia feito duas tentativas e depois de fato cometeu suicídio.) A paciente disse: "Não dá para suportar mais nada por mais tempo, só esse horror de ter um corpo, e essa mente que já aguentou demais. Era a totalidade disso, o conjunto da obra que tornava a situação tão impossível. Se as pessoas só me deixassem quieta; se parassem de me importunar". Entretanto, o que aconteceu no sonho é que alguém foi até o monte onde ela estava soterrada e derramou óleo sobre a brita. O óleo chegou até sua pele e a cobriu completamente. Ela foi deixada sem nenhuma interferência por três semanas e, ao final, as pedras puderam ser removidas sem causar dor. Mas ainda havia uma área dolorida entre os seios. "Uma área triangular que o óleo não alcançou – de onde saiu algo como um pequeno pênis ou um cordão. Essa área precisava ser tratada e ainda era um pouco dolorida, mas a dor era suportável. Não tinha mais importância alguma. Alguém apenas o arrancou."

Com base nesse sonho, imagino que vocês possam ter (entre tantas outras coisas) uma ideia de qual é a sensação de ter acabado de nascer. Esse não foi um dos nascimentos que considero normais, devido à consciência prematura que o atraso no processo do nascimento desencadeou.

Sei que alguns não acharão essa abordagem convincente. O que tentei fazer, contudo, foi chamar a atenção para um trabalho que é feito e que talvez vocês desconheçam, pois pertence a uma disciplina alheia. A teoria da esquizofrenia como algo que desfaz os processos de amadurecimento na primeira infância tem muito a ensinar ao psiquiatra; e tem muito, creio, a ensinar a pediatras, neurologistas e psicólogos sobre os bebês e suas mães.

5

AS ORIGENS DO INDIVÍDUO
[1966]

Em carta enviada ao jornal *The Times* no dia 3 de dezembro de 1966, o dr. Fisher voltou a debater a questão: em que momento começa o indivíduo?[1] Seu interesse, claro, era discutir o ponto de vista católico apostólico romano segundo o qual aborto é assassinato. O ponto central da carta era afirmar que, sem dúvida, o nascimento é o momento óbvio em que a existência do indivíduo começa. Trata-se de um ponto de vista que pode ser compartilhado por muitos, mas parece que uma discussão do tipo demanda alguns pressupostos.

Eis, então, um conjunto de definições que pode ser útil, e cujo escopo sem dúvida pode ser ampliado. Precisamos, con-

---

1 Texto escrito em 1966 em resposta a uma carta escrita por Geoffrey Francis Fisher (1887–1972) ao jornal londrino *The Times*. Fisher foi arcebispo de Canterbury de 1945 a 1961, o cargo mais elevado da Igreja Anglicana. No período de seu mandato, ele presidiu o casamento e depois a coroação da rainha Elizabeth II e buscou a integração entre as várias Igrejas cristãs, tendo sido o primeiro arcebispo a se encontrar com um papa após a Reforma Inglesa de 1397. Ao se aposentar em 1961, foi nomeado barão Fisher de Lambeth. [N.E.]

tudo, aceitar que é necessário certo grau de economia no uso de ideias, mas também incluir referências a todos os fenômenos físicos e psicológicos relevantes.

1) "CONCEBER" Um bebê começa quando a ideia de sua existência é concebida. Criar mentalmente é algo presente na brincadeira de muitas crianças com mais de dois anos. É matéria--prima de sonhos e de muitas ocupações. Em algum momento após o casamento, a ideia de filhos começa a se formar. Não é necessário dizer que conceber a ideia de uma criança não significa gerá-la, e há um triste exemplo disso no conto "*Dream Child*" [Criança dos sonhos], em *The Essays of Elia* [Ensaios de Elia], de Charles Lamb.[2]

2) CONCEPÇÃO Trata-se de um ato físico. A concepção depende da fertilização de um óvulo e da fixação do óvulo fertilizado no endométrio do útero. Não existem casos conhecidos de partenogênese em seres humanos, a não ser na mitologia. Em casos

---

2 Charles Lamb (1775-1834) foi um escritor inglês do Romantismo, contemporâneo de Samuel Taylor Coleridge e de William Wordsworth. Trabalhou na Companhia das Índias Ocidentais até que sua irmã, Mary Ann Lamb, assassinou a mãe em meio a um colapso nervoso. Charles se negou a interná-la em um hospício e assumiu os cuidados dela até o fim. Juntos, escreveram diversas peças e recontaram muitos textos clássicos, de Shakespeare a Homero, adaptando-os para crianças. *Essays of Elia* é sua obra principal, que reúne contos publicados com o pseudônimo de Elia na *London Magazine* entre 1820 e 1825. Em "Criança dos sonhos", um homem solitário conta para duas crianças histórias sobre seus antepassados. O conto serviu de inspiração para uma composição do músico inglês *Sir* Edward William Elgar (1857-1934). [N.E.]

5. AS ORIGENS DO INDIVÍDUO

raros, a concepção acontece fora do útero, na cavidade peritoneal. A psicologia da concepção pode ser de duas, uma, isto é, ou "conceber a possibilidade" se tornou concepção, ou a concepção foi um acidente. É provável, contudo, que sempre devêssemos associar a palavra *normal* com a ideia do bebê como um pequeno acidente, já que seria sentimental demais colocar tanto peso na ideia de uma criança ser concebida graças a um desejo consciente. Há, sem dúvida, muito a ser dito sobre a teoria da concepção como um pequeno acidente, com os pais surpresos no início, até mesmo incomodados com a enorme ruptura que isso representa na vida deles. É um desastre que só muda de figura em circunstâncias favoráveis, quando os pais, lenta ou rapidamente, se acostumam com a ideia de que esse era justo o tipo de desastre de que precisavam.

3) O CÉREBRO COMO ÓRGÃO O estágio seguinte nem sempre é bem definido e poderia ser dividido em dois subestágios. Seria lógico considerar o período exato em que se torna perigoso para a mãe ter rubéola, ou seja, por volta dos dois ou três meses de gestação, quando ocorre uma rápida sequência de transformações que leva à formação do cérebro. São coisas muito diferentes pensar em uma criança como um ser humano antes que haja cérebro e pensar em uma criança como um ser humano a partir do momento em que o cérebro se estabelece do ponto de vista anatômico. Esses argumentos, claro, não afetam em nada as pessoas que defendem com fervor a ideia de que o ser humano começa a existir no momento da fertilização do óvulo, quer ele seja implantado em meio propício, quer não. Pensar sobre isso envolve a discussão sobre se uma criança que nasce anencefálica é ou não um ser humano, e há um espaço infinito para discordâncias com relação ao status daquelas que apre-

sentam os diversos níveis de deficiências mentais e que têm por base as falhas de desenvolvimento do aparato computacional de cada uma. Na prática, não temos dúvida de que algumas crianças com deficiência intelectual são seres humanos, mas existem níveis de deficiência que nos obrigam a pensar em uma categoria que deixa determinados bebês fora dessa classificação. Qualquer discussão sobre a existência desse limite e sobre a posição das crianças com relação a ele desperta emoções fortíssimas.

4) PRIMEIROS CHUTES Entre os estágios 3 e 5 surge a primeira evidência de que o feto está "desperto e ativo". Esse momento tão importante para os pais, entretanto, não faz parte desta lista de etapas, já que não é constante. Trata-se de algo que não tem um momento específico para surgir e que pode acontecer a despeito de certas falhas no desenvolvimento do tecido cerebral.

5) VIABILIDADE A partir de certo estágio, um bebê que ainda não nasceu pode ser considerado viável, no sentido de que, caso nasça prematuramente, possui chance de sobreviver. Essa chance de sobreviver depende em grande medida da provisão ambiental. Há bebês que nascem de seis meses e, por meio de cuidados médicos e de enfermagem intensos, alcançam um nível de desenvolvimento que parece similar ao que teriam se tivessem nascido na data prevista. Muito já foi dito sobre o histórico subsequente de crianças prematuras, mas, para os fins deste debate, devemos considerar que, se uma criança nascida de seis meses pôde crescer com saúde, então isso significa que, em teoria, a viabilidade se deu aos seis meses – para muitos, esse é um estágio relevante em qualquer debate sobre as origens do indivíduo.

5. AS ORIGENS DO INDIVÍDUO

6) A PSICOLOGIA SE TORNA SIGNIFICATIVA A partir de determinado estágio do desenvolvimento do ser humano saudável, ocorre uma mudança que só pode ser descrita como o acréscimo da psicologia à anatomia e à fisiologia. O cérebro como órgão torna possível o registro de experiências e o acúmulo de informações, e esboça a capacidade de diferenciar e de classificar fenômenos. Palavras como *frustração* começam a ter sentido, uma vez que o bebê já é capaz de reter na mente a ideia de que havia uma expectativa por algo, mas de que ela não foi satisfeita por completo. Com base nesse tipo de balanço descritivo, alguém poderia encontrar a prova da existência de um indivíduo antes do processo de nascimento. Esse é um tema polêmico em qualquer discussão, porém, o psicanalista, mais que qualquer outro observador atento, encontra-se em uma posição que lhe permite afirmar, baseado na experiência clínica, que a vida psicológica do indivíduo não coincide exatamente com o momento do nascimento. A maneira mais fácil de abordar esse problema é levar em consideração o contraste entre partos prematuros e pós-termo. É inevitável ao psicanalista concluir que a hora certa para o parto, do ponto de vista psicológico, é o momento a termo quando também fisiologicamente é chegada a hora de o bebê deixar o útero. É possível até mesmo formular a ideia de um parto normal, o que significa dizer um parto que acontece no momento certo da perspectiva do bebê, quando já existe organização mental suficiente para que ele consiga sentir o processo todo como algo natural. Seria complicado demais incluir aqui todos os tipos de traumas possíveis ligados ao parto, ainda que isso nos ajudasse a compreender esse tema tão complexo. É mais fácil considerar as enormes diferenças psicológicas que podem ser observadas entre bebês prematuros e pós-termo. Resumidamente, enquanto o bebê prematuro

vê a incubadora como um ambiente natural, para o bebê pós--termo – que talvez já tenha nascido chupando o dedo e frustrado –, a utilização de uma incubadora é um erro. É possível falar longamente sobre esse assunto, contudo a principal conclusão é de que a afirmação do dr. Fisher sobre o nascimento ser a origem do indivíduo talvez precise ser mais bem elaborada.

7) NASCIMENTO O dr. Fisher escolhe, em sua carta, este momento – que talvez se refira mais a uma mudança na mãe, ou nos pais, do que no bebê. Fisiologicamente, as transformações causadas pelo parto são tão expressivas como bem conhecidas, mas isso não significa que algo tão crucial quanto a origem do indivíduo esteja de fato conectada ao processo de nascimento. Talvez essa noção deva ser deixada de lado neste tipo de debate. O principal fator que leva à inclusão do processo de nascimento nesta lista é a grande mudança de atitude que ocorre nos pais. O bebê poderia nascer morto, ou até mesmo um monstro, mas eis aqui o bebê, reconhecido por todos como um indivíduo.

8) EU/NÃO EU A partir deste ponto, a fisiologia já pode cuidar de si mesma. Nela, incluem-se os fatores genéticos que determinam a tendência de amadurecimento no indivíduo, que, por sua vez, pode ou não ser afetada por processos físicos mórbidos. Ninguém duvidaria, por exemplo, que uma criança é um indivíduo se um caso de encefalite, por exemplo, causasse uma distorção no desenvolvimento de sua personalidade. O debate, dessa forma, adentra os domínios da psicologia. Entretanto, há dois tipos de psicologia. O que se chama de psicologia acadêmica se dedica a fenômenos físicos. A psicologia aqui relevante se debruça sobre os fatores emocionais, sobre o estabelecimento da personalidade e sobre a jornada gradual e graduada que vai

5. AS ORIGENS DO INDIVÍDUO

da dependência absoluta, passando pela dependência relativa, para chegar à independência. Muito disso depende da provisão ambiental, de modo que não é possível descrever um bebê ou uma criança pequena sem detalhar os cuidados que gradualmente se tornam desvinculados do indivíduo. Em outras palavras, os processos de amadurecimento facilitados de maneira extremamente complexa pelos seres humanos que cuidam do bebê conduzem a criança a repudiar o que é não EU e a estabelecer o que é o EU. Há um momento em que, se a criança pudesse falar, diria EU SOU. Quando esse estágio é alcançado, ainda é necessário progredir para que ele seja estabelecido de forma consistente, pois de início há alternâncias, retomando contato com um estágio anterior, em que tudo ainda está fundido ou em que os diversos elementos ainda não se separaram uns dos outros. Na vida de toda criança existe um momento muito preciso, embora possa ser difuso do ponto de vista temporal, em que ela percebe a própria existência e algum tipo de identidade se estabelece – não na mente dos observadores, mas na mente da própria criança. Esse é um bom momento para começarmos a falar da origem do indivíduo, não obstante seja muito tardio do ponto de vista da prática religiosa.

9) OBJETIVIDADE Com todas as mudanças que fazem parte do crescimento do indivíduo, surge a capacidade da criança de gradualmente compreender que, por mais que a realidade psíquica interna seja pessoal – apesar de enriquecida pela percepção do ambiente –, existem, não obstante, esse ambiente e um mundo externo a ela que pode ser chamado de "concreto". A diferença entre esses dois extremos é atenuada pela adaptação da mãe, dos pais, da família e de todos os outros que cuidam de bebês e de crianças pequenas, de modo que, com o passar do tempo,

a criança aceita o princípio de realidade e se beneficia muito quando consegue fazê-lo. Tudo isso é uma questão de crescimento, mas naqueles casos em que a provisão ambiental fornecida é confusa, isso nem sempre se desenvolve assim. Estamos novamente diante de um novo estágio, que, uma vez alcançado, oferece uma resposta óbvia para a pergunta: a criança já é um indivíduo?

10) CÓDIGO MORAL Entrelaçado em todos esses fenômenos, está o desenvolvimento de um código moral pessoal, um tema muito relevante para professores de religião. Nos dois extremos, há aqueles que não aceitam correr riscos e tentam plantar um código moral na criança desde o começo e aqueles que arriscam tudo para permitir que o indivíduo desenvolva um código moral próprio. A formação das crianças ocorre em algum lugar entre esses dois extremos, mas qualquer teoria da origem do indivíduo – para a sociedade e para os polemistas religiosos – precisa levar em conta o momento em que a criança passa a se sentir responsável pelas próprias ideias e ações.

11) O BRINCAR E A EXPERIÊNCIA CULTURAL Pode-se dizer que, como recompensa pela integração satisfatória das influências ambientais com os processos hereditários de amadurecimento, surge o estabelecimento de uma área intermediária, que se revela de extrema importância para a vida do indivíduo. Isso se inicia com aquele intenso brincar próprio das crianças pequenas e pode se desdobrar em uma vida cultural de infinita riqueza. Trata-se de algo, contudo, que pertence ao âmbito da saúde e que não se pode pressupor como um fato. Mas, tendo em vista que isso ocorre para a criança, é possível dizer que se trata de uma parte de importância vital daquele indivíduo.

5. AS ORIGENS DO INDIVÍDUO

12) A REALIDADE PSÍQUICA PESSOAL De acordo com suas experiências e com a capacidade de armazená-las na memória, o indivíduo desenvolve a capacidade de acreditar... ou de confiar. Conforme a provisão cultural em que está inserida, a criança será levada a acreditar nisso, naquilo ou em outra coisa, mas o alicerce é a capacidade baseada no acúmulo das experiências concretas e oníricas. Embora sejam de suma importância para descrever o indivíduo, esses temas são sofisticados demais para serem incluídos neste debate sobre quando se dá o início do indivíduo. Entretanto, imaginamos que qualquer pessoa interessada pelas origens também gostaria de saber até onde o indivíduo pode chegar em termos de crescimento humano.

6

O AMBIENTE SAUDÁVEL NA INFÂNCIA
[1967]

À medida que abordamos determinados problemas da infância, vocês contribuem para o debate, cada qual à sua maneira, com uma experiência sobre o manejo de bebês que se baseia no crescimento, no desenvolvimento e nas distorções desse desenvolvimento provocados por fatores físicos.[1] Gostaria de falar sobre as dificuldades que não dependem de doenças físicas. Para simplificar o tema desta fala, presumirei que o bebê esteja fisicamente bem. Imagino que vocês não vão se importar se eu chamar atenção para os aspectos não físicos do cuidado com o bebê, já que lidam o tempo todo com esse tipo de problema e, sem dúvida, não se interessam apenas por doenças físicas.

Como talvez vocês saibam, comecei minha carreira como pediatra e, aos poucos, me tornei psicanalista e psiquiatra infantil – e o fato de ter sido, de início, um médico voltado para os aspectos físicos influenciou em grande medida meu traba-

---

1 Neste capítulo, os organizadores mesclaram duas versões de uma palestra proferida no simpósio de mesmo título organizado em março de 1967 pelo departamento pediátrico da Royal Society of Medicine, Londres. [N.E.]

6. O AMBIENTE SAUDÁVEL NA INFÂNCIA

lho. De fato, calhei de ter um grande volume de experiência, e isso decorre da simples razão de que estou há quarenta e cinco anos clinicando ativamente e que, durante um período assim, sempre se acaba acumulando até que muita informação. Não há muito mais que eu possa fazer aqui senão assinalar a complexa teoria do desenvolvimento emocional do indivíduo humano como uma pessoa. O que devo fazer para meu próprio bem, todavia, é compartilhar um pouco da intensidade dos sentimentos que acumulei ao longo desses quarenta e cinco anos.

É estranho, mas a aprendizagem de médicos e enfermeiras sobre os aspectos físicos sem dúvida suga algo de seu interesse por bebês como seres humanos. Quando eu mesmo comecei, estava consciente da minha falta de habilidade em estender aos bebês minha empatia natural com crianças. Estava ciente disso como uma deficiência, e foi um grande alívio quando gradualmente passei a sentir a mim mesmo em relação com o par bebê-mãe ou bebê-pai. Creio que muitos profissionais da área da saúde física sentem esse mesmo tipo de bloqueio que eu tive e precisam se esforçar um bocado para se tornarem capazes de se colocar no lugar do bebê. Sei bem que essa é uma expressão um tanto engraçada, já que ninguém aqui caberia dentro de um berço, mas acho que vocês me entenderam.

É fundamental que o pediatra conheça como as questões humanas realmente são na origem da vida de um novo indivíduo, de modo que, ao conversar com os pais, ele seja capaz de compreender a valiosa função que eles desempenham. O médico entra em cena quando há uma doença, mas os pais são importantes o tempo todo, não apenas quando a criança adoece. É uma situação muito desagradável para uma mãe ou para um pai quando o médico – para quem eles ligam tão confiantes no caso de a criança estar com pneumonia – é cego para o tanto que eles fazem para se adaptar às necessidades do bebê quando ele não está doente. A maior parte das dificuldades em alimentar um bebê, por exemplo, não tem nada a ver com infecções ou com a inadequação bioquímica do leite. Tem a ver com o enorme problema que toda mãe enfrenta, que é se adaptar às necessidades de um novo bebê. Ela precisa fazer isso por conta própria, pois um bebê é sempre diferente do outro, como, da mesma forma, nenhuma mãe é igual a outra, nem uma mãe é sempre a mesma com cada filho. A mãe não pode aprender o tipo de coisa que é requisitado dela em livros ou com médicos e enfermeiras. Mas talvez tenha aprendido um tanto pelo simples fato de já ter sido criança, por ter observado pais e filhos ou por ter participado do cuidado com os irmãos – acima de tudo, a mãe aprendeu muitas lições de importância vital quando ainda era bem pequena e brincava de casinha.

É verdade que algumas mães conseguem obter um tipo específico de ajuda em livros, mas não podemos deixar de nos perguntar se uma mãe que busca conselhos em livros ou com outras pessoas para tentar aprender o que precisa fazer está preparada para a maternidade. O que ela precisará saber deve vir de um lugar mais profundo, e não exatamente daquela parte da mente que tem palavras para tudo. As coisas mais importantes que uma mãe faz ao bebê não são feitas com palavras. Isso é muito óbvio, no entanto é também algo muito fácil de se esquecer. Em minha longa experiência, tive a chance de conhecer muitos médicos, enfermeiras e professores que achavam que podiam dizer às mães o que fazer e que gastavam muito tempo dando instruções para os pais, e pude observá-los se tornarem mães e pais e ter longas conversas com eles sobre suas dificuldades, e descobri que muitos tiveram de abandonar tudo o que achavam que sabiam, e que inclusive vinham ensinando. Com frequência, acabavam descobrindo que tudo aquilo que sabiam atrapalhava tanto no início a ponto de não conseguirem agir com naturalidade com o primeiro filho. Pouco a pouco, foram capazes de descartar essa camada inútil de conhecimento que está entrelaçada a palavras e se concentraram em se envolver com esse bebê em particular.

SEGURAR E MANUSEAR

O cuidado com o bebê pode ser descrito em termos de "segurar" [*holding*], sobretudo se permitirmos que o termo se amplie à medida que o bebê cresce e seu mundo se torna mais complexo. Com o tempo, o termo pode muito bem incluir a função da unidade familiar e, de maneira mais sofisticada, pode ser empregado para descrever as práticas assistenciais de profissionais especializados no cuidado.

No início, entretanto, é o segurar físico da estrutura física do bebê que fornece uma condição psicológica boa ou ruim. Segurar e manusear bem facilita os processos de amadurecimento, enquanto segurar mal implica interrompê-los repetidamente em decorrência das reações do bebê ante falhas na adaptação.

Nesse contexto, facilitação significa adaptação às necessidades básicas, e isso só pode ser feito por um ser humano. Uma incubadora é adequada para um bebê prematuro, mas, na data prevista para o nascimento, o bebê já tem essa maturidade que demanda cuidado humano, mesmo que para a mãe seja conveniente usar um berço ou um carrinho. A mãe humana consegue se adaptar às necessidades do bebê nesse estágio inicial, pois, ao menos por ora, esse é seu único interesse.

A maioria dos bebês tem a sorte de ser bem segurada na maior parte do tempo. Esse é o alicerce sobre o qual a confiança em um mundo amigável é construída porque, ao ser segurado bem o suficiente, o bebê torna-se capaz de avançar nas etapas de seu rápido crescimento emocional. A base da personalidade está se constituindo bem quando o bebê é segurado bem o suficiente. Um bebê não se lembra de ter sido bem segurado – o que ele se lembra é da experiência traumática de não ter sido segurado bem o suficiente.

As mães sabem dessas coisas e as assumem como um dado. Sentem-se fisicamente feridas quando alguém, talvez um médico que testa o reflexo de Moro, falha em proteger seu bebê, diante de seus olhos, de uma lesão.

Lesão é a palavra que expressa o efeito, no bebê, de ser mal segurado, e é possível dizer que a maioria dos bebês passa pelas primeiras semanas ou meses sem nenhuma lesão. Com frequência, tenho a triste impressão de que as lesões que acabam acontecendo são cometidas por médicos e enfermeiras que, naquele momento, não estavam tão preocupados quanto a mãe em se adaptar às necessidades básicas do bebê.

Tenham certeza, essas lesões importam. Em nosso trabalho com crianças mais velhas e com adultos, percebemos que tais lesões contribuem tanto para um sentimento de insegurança, quanto para que o processo de desenvolvimento seja interrompido pelas reações a elas, que fragmentam o fluxo de continuidade que é a criança.

RELAÇÃO DE OBJETO

Ao lidarem com a amamentação ou com o uso de mamadeira, vocês precisam, como pediatras, pensar em termos da fisiologia da amamentação ou da alimentação via mamadeira, e seus conhecimentos em bioquímica, aqui, são especialmente importantes. Mas gostaria de chamar a atenção para o fato de que, quando mãe e bebê chegam a um acordo mútuo quanto à situação da alimentação, eis o início de um relacionamento humano. Isso estabelece os padrões para a capacidade do bebê de se relacionar com objetos e com o mundo.

Minha longa experiência me permitiu enxergar que o padrão na forma de se relacionar com objetos é estabelecido na primeira infância, e que tudo o que acontece no início é importante. É muito simples pensar apenas em termos de reflexos. Médicos e enfermeiras não devem jamais cair nessa armadilha de pensar que, porque os reflexos existem, a história toda se resume a isso.

O bebê é um ser humano, imaturo e extremamente dependente, e também um indivíduo que vivencia e registra experiências. Isso tem enorme importância prática para todos os envolvidos no manejo durante os estágios iniciais. Uma parcela muito grande das mulheres conseguiria amamentar, caso os médicos e enfermeiras de quem são tão dependentes aceitassem o fato de que a mãe é a única pessoa capaz de realizar essa tarefa. Ela pode ser tolhida ou pode ser ajudada, recebendo apoio em todos os outros aspectos. Entretanto, não pode ser ensinada.

Existem coisas muito sutis que a mãe sabe intuitivamente, sem nenhuma apreciação intelectual do que está acontecendo, e ela só pode alcançar esse ponto se for deixada em paz e com plena responsabilidade. Ela sabe, por exemplo, *que alimentar* não se baseia *na alimentação em si*.

É uma forma de lesão, ou até mesmo de estupro, quando uma enfermeira exasperada enfia o bico do peito ou da mamadeira dentro da boca do bebê e provoca um reflexo. Mãe nenhuma faria isso se fosse deixada em paz.

Muitos bebês precisam de algum tempo antes de começarem a procurar por um objeto e, quando o encontram, nem sempre querem transformá-lo imediatamente em alimento. Eles querem brincar com as mãos e a boca, talvez queiram segurá-lo com suas gengivas. Há um amplo espectro de variações, dependendo da mãe e do bebê.

Esse não é apenas o início da alimentação; é o início da relação de objeto. Todo relacionamento desse novo indivíduo com o mundo concreto vai se basear no modo como as coisas começam e no padrão que gradualmente se desenvolve de acordo com as experiências que fazem parte da inter-relação humana entre bebê e mãe.

Estamos de novo diante de um tema muito amplo, um tema que diz respeito até mesmo a filósofos, já que temos que aceitar o paradoxo de que aquilo que o bebê cria já estava lá, e que o que o bebê cria é na verdade parte da mãe que foi encontrada.

A questão é que essa parte não teria sido encontrada se a mãe não estivesse nesse estado especial que permite às mães que se apresentem como se tivessem sido encontradas quase que na hora certa e no lugar certo. Isso é o que chamamos de adaptação à necessidade, que possibilita ao bebê descobrir o mundo criativamente.

Mas o que podemos fazer se não somos capazes de ensinar as mães sobre as questões de manejo do bebê? O que nós, médicos e enfermeiras, podemos fazer é *não interferir*. Simples assim. Precisamos saber qual é a nossa especialidade e saber de que maneira a mãe precisa de cuidado médico ou de enferma-

6. O AMBIENTE SAUDÁVEL NA INFÂNCIA

gem. Com isso em mente, fica muito mais fácil dar à mãe aquilo que somente ela consegue fazer.

Quando tratamos crianças mais velhas e adultos, descobrimos que muitos distúrbios com os quais lidamos em termos de transtornos de personalidade poderiam ter sido evitados; com frequência, foram provocados por médicos e enfermeiras ou por conhecimentos médicos ultrapassados. Descobrimos inúmeras vezes que, se um médico, uma enfermeira ou uma pessoa que na teoria estavam lá para ajudar não tivessem interferido nos processos naturais extremamente sutis que fazem parte do relacionamento mãe-bebê, os distúrbios de desenvolvimento poderiam ter sido evitados.

À medida que o bebê cresce, a vida se torna naturalmente mais e mais complexa. As falhas de adaptação da mãe são, elas mesmas, uma adaptação às necessidades crescentes da criança de reagir à frustração, de ficar com raiva e de brincar que não quer algo só para que a aceitação se torne mais significativa e empolgante. Mães e pais, no geral, crescem juntos com cada filho de forma muito sutil.

Em pouco tempo, o bebê se transforma em uma pessoa que pode facilmente ser identificada como humana, mesmo que já o fosse desde o momento em que nasceu. Quanto antes reconhecermos isso, melhor.

Permitam-me abordar, agora, uma terceira área do manejo.

MANEJO DE EXCREÇÕES

No início, o bebê está muito preocupado com a ingestão. Isso inclui a descoberta de objetos, o reconhecimento deles por meio da visão e do olfato, além do estabelecimento inicial da constância do objeto – e, com essa expressão, quero dizer que um objeto ganha importância nele mesmo, não apenas como um entre muitos ou como algo que pode trazer satisfação. Por meio dos processos de crescimento emocional, de desenvolvimento e de amadurecimento – que correspondem ao desenvolvimento de tecido cerebral –, torna-se possível para o bebê uma compreensão mais ampla do canal alimentar e do processo de alimentação. Digamos que, nas primeiras semanas e meses, o bebê aprendeu muito sobre ingerir e que durante esse período excretou fezes e urina. A ingestão foi complicada por uma série de atividades que estão fora de seus limites e que, até então, não tinham nenhum significado para o bebê como pessoa.

Aos seis ou sete meses de idade, já se pode demonstrar que o bebê consegue estabelecer uma ligação entre excreção e ingestão. Cada vez mais consciente, ele começa a se interessar pelo interior, ou seja, pela área que existe entre a boca e o ânus. Isso também pode ser dito sobre a mente, de modo que tanto a mente como o corpo do bebê se tornam um recipiente.

A partir desse ponto, existem dois tipos de excreção. Uma delas é sentida como nociva, e a definimos como *ruim*; é aquela em que o bebê precisa da mãe para eliminá-la. A outra é considerada boa e pode ser algo a ser oferecido como presente em uma demonstração de amor. Junto a essas sensações ligadas ao funcionamento há, na mente e na psique, um desenvolvimento correspondente.

A razão pela qual médicos e enfermeiras não devem interferir quando os pais deixam que o bebê encontre sua própria maneira de ficar "limpo" ou "seco" é o fato de que cada bebê leva algum tempo para ter segurança na distinção entre as coisas boas e as coisas ruins, para se sentir confiante quanto ao descarte adequado do que deve ser descartado.

6. O AMBIENTE SAUDÁVEL NA INFÂNCIA

Com muita sensibilidade, a mãe sabe o que o bebê sente sobre essas coisas, pois, temporariamente, está como que sintonizada a isso. Ela ajuda o bebê a se livrar dos gritos, berros, chutes e excreções e está preparada para receber as demonstrações de amor assim que estão prontas. A mãe atende ao potencial do bebê de acordo com o que ele tem a oferecer no momento e com a fase do desenvolvimento em que se encontra.

Qualquer tipo de treinamento dificulta a comunicação sutil existente entre o bebê e a mãe e distorce o padrão de trocas recíprocas e de esforço construtivo que está sendo estabelecido.

Pior que a interferência causada por treinamentos rigorosos é a interferência ativa e específica decorrente de manipulação do ânus e da uretra por supositórios e lavagens intestinais. *Essas coisas quase nunca são necessárias*, e nunca é demais reforçar àqueles que se importam com bebês que coloquem em prática o respeito pelas funções naturais das crianças.

É claro que existem mães e figuras maternas que não permitem que as funções naturais se estabeleçam, mas elas são exceção; de forma alguma devemos basear nossas ações naquilo que consideramos antinatural, doentio e contrário à maternidade.

Só posso provar o que digo para quem estiver disposto a me conceder grande quantidade de tempo. Mas àqueles que acreditam em mim, convido-os a partir do pressuposto de que a profilaxia é muito mais importante que o tratamento dos distúrbios psiquiátricos (que tem sido meu trabalho); isso pode ser instituído de imediato, não ensinando mães como serem mães, mas fazendo com que médicos e enfermeiras entendam que *não devem interferir* nos delicados mecanismos que se revelam durante o estabelecimento do relacionamento interpessoal entre o bebê e a mãe.

7

A CONTRIBUIÇÃO DA PSICANÁLISE PARA A OBSTETRÍCIA

[1957]

Não podemos nos esquecer de que são as habilidades da parteira,[1] baseadas nos conhecimentos científicos de fenômenos físicos, que permitem às pacientes confiarem nela da forma como precisam.[2] Sem esses conhecimentos básicos sobre os aspectos físicos, o estudo da psicologia seria desnecessário, pois

---

1 *Midwife*, em inglês. No inglês antigo, *mid* significava "com" e *wife*, "mulher", indicando o profissional que acompanhava a mulher. Na Inglaterra de Winnicott, o termo se referia tanto à parteira/obstetriz – profissional com formação específica em obstetrícia e indicada para partos sem complicação – como à enfermeira obstetra – enfermeira com especialização em obstetrícia que pode acompanhar gravidezes de baixo risco. Além dessas duas categorias, há a médica obstetra – que é a profissional formada em medicina com residência em ginecologia e obstetrícia. Aqui, optamos pelo termo "parteira", de uso mais corrente em português. [N.T.]

2 Palestra proferida em um curso organizado pela Association of Supervisors of Midwives, sindicato inglês que reunia supervisores de cuidados obstétricos. Publicado originalmente na revista *Nursing Mirror*, de maio de 1957, e depois em *Família e desenvolvimento individual* [1965], trad. Marcelo Cipolla. São Paulo: Ubu Editora, 2022. [N.E.]

7. A CONTRIBUIÇÃO DA PSICANÁLISE PARA A OBSTETRÍCIA

um *insight* psicológico não é suficiente para que se saiba o que fazer quando um caso de placenta prévia complica o processo do parto. Entretanto, levando-se em conta os conhecimentos e as capacidades exigidas, não há dúvida de que a parteira pode agregar muito valor ao próprio trabalho se também compreender sua paciente como um ser humano.

O LUGAR DA PSICANÁLISE

De que maneira a psicanálise chega ao tema da obstetrícia? Em primeiro lugar, por meio de estudo minucioso dos pormenores de tratamentos longos e árduos de indivíduos. A psicanálise começa a lançar luz em muitos tipos de anomalia, como a menorragia, o aborto recorrente, o enjoo matinal, a inércia uterina primária e muitos outros problemas físicos que podem ter sido parcialmente originados de um conflito na vida emocional inconsciente da paciente. Muito já foi escrito sobre esses transtornos psicossomáticos. Aqui, entretanto, preocupo-me com outro aspecto da contribuição psicanalítica: gostaria de indicar, em termos gerais, o efeito das teorias psicanalíticas sobre os relacionamentos entre médico, enfermeira e paciente quanto à situação do parto.

A psicanálise já levou a uma enorme mudança de ênfase, como é possível notar na atitude das parteiras atuais, se comparadas às de vinte anos atrás. Hoje, é bem aceito que essas profissionais queiram acrescentar às suas habilidades básicas a capacidade de avaliar a paciente como pessoa – alguém que nasceu, que já foi criança, que brincou de casinha, que teve medo das mudanças decorrentes da puberdade, que experimentou os novos ímpetos da adolescência, que deu um passo adiante e que (talvez) se casou, e que, por desejo ou acidente, se viu com um filho.

Se a paciente está no hospital, ela está preocupada com sua casa, para onde vai voltar, e também há a mudança que o nascimento do bebê provocará em sua vida pessoal, no relacionamento com o marido, na relação com os próprios pais e com os sogros. Além disso, é comum ocorrerem complicações no relacionamento com os demais filhos e com os sentimentos que os filhos nutrem uns pelos outros.

Se todos nos tornarmos pessoas no trabalho, então nosso trabalho se torna muito mais interessante e recompensador. Devemos levar em conta, nessa situação, quatro pessoas e seus diferentes pontos de vista. Em primeiro lugar está *a mulher*, que se encontra em um estado muito especial parecido com uma doença, mas que é normal. Até certo ponto, *o pai* está em estado similar – e, se ele for deixado de lado, o resultado será um grande empobrecimento. *O bebê* já é uma pessoa quando nasce e, de seu ponto de vista, existe toda a diferença do mundo entre ser bem ou mal manejado. Além disso, há *a parteira*. Ela não é apenas uma trabalhadora especializada, mas também um ser humano; ela tem sentimentos e humor, entusiasmos e decepções; talvez quisesse ser a mãe, ou talvez o bebê ou o pai, ou mesmo todos juntos. Geralmente ela se sente feliz em ser parteira, porém às vezes se frustra.

Um processo essencialmente natural

Uma ideia geral sintetiza o que tenho a dizer: isto é, existem processos naturais por trás de tudo o que acontece; e nós só fazemos um bom trabalho como médicos e enfermeiras se respeitarmos e facilitarmos esses processos naturais.

7. A CONTRIBUIÇÃO DA PSICANÁLISE PARA A OBSTETRÍCIA

Mães tiveram bebês por milhares de anos até que as primeiras parteiras surgissem, e é provável que essas primeiras parteiras tenham surgido para lidar com superstições. O jeito moderno de lidar com isso é adotar uma atitude científica, ciência fundamentada em observações objetivas. O treinamento moderno, baseado na ciência, permite à parteira afastar qualquer prática supersticiosa. Mas e os pais? Os pais tinham uma função bem definida até que os médicos e o Estado de bem-estar social a assumissem: eles não apenas sentiam os mesmos sentimentos de suas mulheres, vivenciando parte de sua agonia, como também ajudavam a afastar problemas externos e imprevisíveis, permitindo à mãe que se ocupasse com uma única e mesma coisa, o cuidado com o bebê que está em seu corpo ou em seus braços.

Mudança de atitude em relação ao bebê

Houve evolução na atitude em relação ao bebê. Imagino que, ao longo das gerações, os pais passaram a presumir que o bebê é uma pessoa e a enxergar muito além do que estava diante de si: um homenzinho ou uma mulherzinha. A ciência, no início, rejeitou essa noção, sublinhando que um bebê não é um adulto em miniatura, e durante muito tempo os bebês foram vistos por observadores imparciais como seres muito pouco humanos até que começassem a falar. Recentemente, porém, descobriu-se que eles são de fato humanos, ainda que apropriadamente infantis. A psicanálise tem aos poucos mostrado que nem mesmo o processo do nascimento é esquecido pelo bebê e que, de seu ponto de vista, pode haver um parto normal ou anormal. É possível que todos os detalhes do parto – como sentidos pelo bebê – fiquem registrados em sua mente, e isso em geral se revela no prazer que as pessoas sentem em jogos que simbolizam os diversos fenômenos que o bebê experimenta – rolar, cair, sensações ligadas à mudança de estar imerso em meio líquido e ir para terra firme, de estar em uma temperatura e ser forçado a se adaptar a outra, de ser alimentado por um tubo e passar a respirar e se alimentar por conta própria.

A MÃE SAUDÁVEL

Uma das dificuldades que podem ser encontradas na atitude da parteira em relação à mãe diz respeito à questão do diagnóstico. (Não me refiro aqui ao diagnóstico das condições do corpo, que deve ser deixado a cargo do médico e da enfermeira, nem a anomalias físicas; refiro-me ao que é saudável e ao que não é saudável em termos psiquiátricos.) Comecemos pelo desdobramento normal do problema.

No extremo mais saudável, a paciente não é uma paciente, mas uma pessoa madura e perfeitamente saudável, bastante capaz de tomar as próprias decisões nas questões mais importantes, e talvez até mais madura que a parteira que vai atendê-la. Ela só se encontra em um estado de dependência graças à sua condição. Temporariamente, ela se coloca nas mãos da enfermeira – o que, por si só, implica saúde e maturidade. Nesse caso, a enfermeira respeita a independência da mãe pelo tempo que for possível, até mesmo durante o trabalho de parto, desde que tudo transcorra de maneira fácil e normal. Da mesma forma, a enfermeira aceita a completa dependência de muitas outras mulheres que só conseguem passar pela experiência do

7. A CONTRIBUIÇÃO DA PSICANÁLISE PARA A OBSTETRÍCIA

parto quando entregam todo o controle para a pessoa que as auxilia naquele momento.

O relacionamento entre mãe, médico e enfermeira

Suponho que, se a mãe saudável é madura ou adulta, ela não entrega o controle para uma enfermeira ou um médico que não conheça. Antes de mais nada ela os conhece – e essa é uma parte muito importante do período que antecede o parto. Ou a mãe confia nos profissionais, o que significa que os perdoará caso cometam um erro; ou não confia, e toda a experiência será prejudicada: ela tem medo de ceder e tenta lidar ela mesma com a situação, ou então de fato teme sua condição – e vai culpá-los se qualquer coisa der errado, sendo eles responsáveis ou não. E terá toda a razão, caso eles não tenham se deixado conhecer melhor.

Dou ênfase primordial a essa questão da mãe, do médico e da enfermeira se conhecerem e manterem contato, se possível, durante toda a gravidez. Se não houver essa possibilidade, pelo menos então é preciso estabelecer um contato bem definido com a pessoa que assistirá o parto, muito antes da data prevista para o nascimento.

Um sistema hospitalar que não permite que a mulher conheça de antemão quem será seu médico e sua enfermeira no momento do parto não é nada bom, mesmo que tenha a clínica mais moderna, bem equipada, esterilizada e repleta de aço inoxidável do país. São situações assim que levam as mães a optarem por ter seus filhos em casa, com a ajuda do médico da família, recorrendo ao hospital apenas em caso de emergências graves. Pessoalmente, acredito que as mulheres deveriam

88

receber todo o apoio se preferirem dar à luz em casa, e que seria péssimo se, na tentativa de fornecer o cuidado físico ideal, chegasse o dia em que o parto domiciliar se tornasse impraticável.

Uma explicação completa sobre o processo do parto e do nascimento deve ser fornecida à mãe pela pessoa em quem ela depositou sua confiança, e isso ajuda muito a eliminar informações assustadoras e incorretas que podem ter chegado até ela. É a mulher saudável quem mais precisa disso e a que pode fazer o melhor uso de fatos comprovados.

Não é precisamente quando chega o momento do parto que uma mulher saudável e madura – que está em um relacionamento saudável com o marido e com a família – necessita da enorme habilidade adquirida pela enfermeira? Ela precisa da presença da enfermeira e de sua capacidade de ajudá-la da forma certa no momento certo, caso algo dê errado. Mas, ao mesmo tempo, ela está sob o controle de forças naturais e de um processo que é tão automático quanto a ingestão, a digestão e a excreção; quanto mais a natureza puder agir, melhor será para a mulher e para o bebê.

Uma de minhas pacientes, que teve dois filhos e que está, ao que parece, aos poucos chegando ao fim de um tratamento muito difícil, no qual ela mesma precisou começar de novo – para se libertar das influências exercidas por uma mãe difícil em seu desenvolvimento inicial – escreveu o seguinte: "mesmo que a mulher seja bastante madura emocionalmente, o processo do parto e do nascimento como um todo rompe com tantos controles que você precisa de todo o cuidado, consideração, encorajamento e familiaridade com essa pessoa que cuida de você, assim como o bebê precisa que a mãe o acompanhe em cada uma das novas e grandes experiências vivenciadas durante seu desenvolvimento".

7. A CONTRIBUIÇÃO DA PSICANÁLISE PARA A OBSTETRÍCIA

Ainda assim, há uma coisa que jamais podemos ignorar em relação ao processo natural do parto: o fato de que o bebê humano tem uma cabeça absurdamente grande.

A MÃE NÃO SAUDÁVEL

Em contraste com a mulher madura e saudável que busca o cuidado da parteira está a mulher doente, ou seja, a mulher que é emocionalmente imatura ou que não está focada em desempenhar seu papel na ópera cômica da natureza; ou que talvez esteja deprimida, ansiosa, desconfiada ou apenas confusa. Nesses casos, a enfermeira deve ser capaz de fazer um diagnóstico, e essa é outra razão pela qual ela precisa conhecer sua paciente antes que esta entre no estado especial e desconfortável vivido nos últimos meses da gravidez. A parteira certamente precisa de formação especializada para realizar o diagnóstico de adultos psiquiatricamente doentes, para ter a liberdade de tratar como saudáveis aquelas pessoas que de fato estão saudáveis. Naturalmente, a mãe imatura ou a mãe que não está saudável requer ajuda especial da pessoa que está no controle de seu atendimento: se a mulher normal precisa ser instruída, a doente tem de ser tranquilizada; a mãe doente pode testar a tolerância da enfermeira e se tornar um verdadeiro estorvo; talvez tenha que ser contida se apresentar comportamento maníaco. Mas isso é mais uma questão de senso comum, de saber responder às necessidades com a ação apropriada ou com a inação calculada.

Nos casos em que a mãe e o pai são saudáveis, ou seja, nos casos comuns, a parteira é uma funcionária que tem a satisfação de oferecer a ajuda que foi contratada para dar. No caso da mãe que se encontra de alguma forma doente, que não consegue ser de todo adulta, a parteira é a enfermeira que atua junto ao médico no manejo da paciente – nesse caso, quem a emprega é a agência ou o serviço hospitalar. Seria terrível se essa adaptação a uma saúde deficitária comprometesse um procedimento natural que não está adaptado à doença, e sim à vida.

Claro, muitas pacientes estão entre os dois extremos que estabeleci para fins meramente descritivos. O que eu gostaria de enfatizar é que a observação de muitas mães serem histéricas, nervosas ou autodestrutivas não deve impedir que as parteiras deem a devida importância à saúde, nem à maturidade emocional o seu lugar; também não deveria levá-las a classificar todas as suas pacientes como infantis, quando, na verdade, a maioria é perfeitamente capaz, a não ser nessa questão prática, a qual elas precisam conseguir deixar a cargo da enfermeira. A maioria é saudável; e são essas mulheres saudáveis – que são mães, esposas (e também parteiras) – que não só fazem da mera eficiência uma experiência mais rica, como tornam a rotina, bem-sucedida apenas por ter transcorrido sem grandes percalços, algo positivo.

O MANEJO DA MÃE COM SEU BEBÊ

Consideremos, agora, o manejo da mãe após o parto, durante o início de seu relacionamento com o bebê recém-nascido. Por que é que sempre deparamos com um comentário como este quando damos às mães a chance de falar livremente e de se lembrar? (Cito a descrição de caso feita por um colega, mas muitas vezes ouvi relatos semelhantes.)

> Ele nasceu de parto normal e seus pais o desejavam. Aparentemente, conseguia sugar bem desde o nascimento, mas não o colocaram para mamar por trinta e seis horas seguidas. Quando foi trazido, estava nervoso e sonolento, e durante duas semanas o momento da amamentação foi muito insatisfatório. A mãe sentia que as enfermeiras eram antipáticas, que não a deixavam com o bebê por tempo suficiente. Disse que elas colocavam a boca dele à força no seio, seguravam seu queixo para que ele sugasse e apertavam seu nariz quando queriam tirá-lo do seio. Quando a mãe levou o bebê para casa, sentiu que a amamentação se estabeleceu de forma normal e sem dificuldades.

Não sei se as enfermeiras sabem que é nesses termos que as mulheres se queixam. Talvez nunca tenham ouvido tais comentários e, sem dúvida, as mães dificilmente reclamariam com as enfermeiras a quem tanto devem. Além disso, não posso acreditar que aquilo que as mães contam para mim reflita a realidade exata. Devo estar preparado para lidar com certa dose de imaginação, já que é assim que deve ser, afinal somos mais do que um conjunto de fatos; e o modo como percebemos nossas experiências e a forma como elas estão entrelaçadas com nossos sonhos formam parte desse todo que chamamos vida e experiência individual.

Estado de sensibilidade pós-natal

Em nosso trabalho psicanalítico especializado, percebemos que a mãe que acaba de ter um bebê se encontra em um estado muito sensível e que, durante uma ou duas semanas, tem grandes chances de acreditar na existência de uma mulher que a persegue. Creio que devemos levar em conta uma tendência correspondente entre as parteiras, que podem facilmente se tornar figuras dominantes. Com frequência, estas duas situações são simultâneas: a mãe se sente perseguida, enquanto uma enfermeira[3] atua como se fosse motivada mais por medo do que por amor.

Essa situação complexa costuma se resolver em casa, quando a mãe dispensa a enfermeira, em um processo que é doloroso para todos os envolvidos. Mas um cenário pior se estabelece quando a enfermeira "vence", por assim dizer: a mãe se afunda em um estado de irremediável submissão e não consegue estabelecer um relacionamento com seu bebê.

Não encontro palavras para expressar como são grandes as forças presentes nesse momento tão crítico, mas posso tentar explicar a curiosa dinâmica que se instala: a mãe, que talvez esteja fisicamente exausta, incontinente e dependente da atenção qualificada de uma enfermeira ou de um médico para uma ou várias situações, também é a única pessoa que consegue apresentar o mundo de uma maneira que faça sentido para o bebê. Ela sabe como fazer isso não porque foi treinada ou por ser inteligente, mas pelo simples fato de ser mãe. Porém, seus instintos naturais não se desenvolvem se ela estiver assustada, se não puder ver seu bebê no momento do nascimento ou se o bebê só for trazido até ela nos momentos em que as autoridades julgarem apropriados para a alimentação. Não é assim que as coisas funcionam. O leite materno não flui como uma excreção; é uma resposta a um estí-

---

3   No original, *monthly nurse*, termo usado antigamente para descrever um membro da família ou uma enfermeira ou babá contratada para acompanhar a mãe no primeiro mês de vida do bebê. [N.T.]

7. A CONTRIBUIÇÃO DA PSICANÁLISE PARA A OBSTETRÍCIA

mulo, e o estímulo envolve a visão, o olfato e o toque de seu bebê, além do som do seu choro, que indica uma necessidade. Tudo se funde, os cuidados da mãe com o bebê e a alimentação periódica que se desenvolve como se fosse um meio de comunicação entre os dois – uma melodia sem palavras.

Duas características opostas

Eis aqui, de um lado, uma pessoa extremamente dependente – a mãe –, mas que, ao mesmo tempo, também é a maior especialista nesse delicado processo – o início da amamentação – e em todo alvoroço causado pelos cuidados com o bebê. É difícil, para muitas enfermeiras, aceitar essas duas propriedades opostas que constituem a mãe, e o resultado disso é que elas tentam forçar o relacionamento da amamentação da mesma maneira que forçam a evacuação em um caso de prisão de ventre. Tentam o impossível. Muitas inibições alimentares começam dessa maneira; e, mesmo quando o bebê passa a ser alimentado com mamadeira, essa experiência permanece para ele como algo isolado, que não se vincula ao conjunto dos processos que compõem os cuidados infantis. Em meu trabalho, tento o tempo todo corrigir esse tipo de falta, desencadeada em muitos casos nos primeiros dias ou semanas de vida por uma enfermeira que não percebeu que, embora seja especialista no que faz, seu trabalho não consiste em estabelecer o relacionamento entre o bebê e o seio materno.

Além disso, a parteira tem sentimentos, como eu disse, e pode ter dificuldades ao ver um bebê perdendo tempo no seio. Ela sente vontade de enfiar o seio dentro da boca do bebê, ou de enfiar a boca do bebê no seio, ao que este reage se afastando.

94

Ademais, há outra questão a considerar: quase universalmente a mãe sente, em menor ou maior grau, que roubou o bebê de sua própria mãe. Isso tem origem nas brincadeiras de casinha e nos sonhos que tinha quando ainda era pequenina, nos quais o pai era seu par ideal. Por isso, é fácil para ela sentir – e em alguns casos ela precisa sentir – que a enfermeira é a mãe vingativa que veio lhe tomar o bebê. A enfermeira não precisa fazer nada a respeito disso, mas será de grande ajuda se evitar afastar o bebê da mãe – privando-a de um contato que é natural – para trazê-lo muito depois, enrolado em uma manta, apenas na hora de mamar. Embora não se trate mais de uma prática corrente, isso foi comum até pouco tempo atrás.

Os sonhos, a imaginação e a brincadeira subjacentes a esses problemas continuam lá, mesmo quando a enfermeira age de tal maneira que a mãe tem a chance de recuperar o senso de realidade, algo que acontece com naturalidade em poucos dias ou semanas. Depois disso, serão poucas as ocasiões em que a enfermeira deve esperar ser encarada como a figura perseguidora que não é, ainda que seja excepcionalmente compreensiva e tolerante. Aceitar esse fato é parte de seu trabalho. No fim das contas, a mãe em geral se recupera e vê a enfermeira como ela é: uma pessoa que tenta entender, mas que é humana e, portanto, tem um limite para a própria tolerância.

Outro ponto é que a mãe – sobretudo se for um pouco imatura ou se tiver sofrido algumas privações no início da vida – encontra dificuldades tanto para abrir mão dos cuidados que recebe da enfermeira como para começar a cuidar sozinha de seu bebê da exata maneira como ela mesma gostaria de ser tratada. Nesses casos, a perda do apoio de uma boa enfermeira pode dar origem a dificuldades bem reais na próxima fase, quando a mãe deixa a enfermeira ou esta deixa a mãe.

7. A CONTRIBUIÇÃO DA PSICANÁLISE PARA A OBSTETRÍCIA

Dessa maneira, a psicanálise, como eu a vejo, traz à obstetrícia e a todos os trabalhos que envolvem relações humanas um crescimento no respeito que os indivíduos nutrem uns pelos outros e pelos direitos de cada um. A sociedade precisa de trabalhadores técnicos mesmo nas áreas da medicina e da enfermagem, mas, quando estamos diante de pessoas e não de máquinas, o técnico deve estudar a forma como as pessoas vivem, imaginam e crescem com experiências.

8

A DEPENDÊNCIA NOS CUIDADOS COM A CRIANÇA
[1970]

É importante reconhecer que a dependência é um *fato*.[1] Ela é real. É tão óbvio que bebês e crianças pequenas não conseguem se virar por conta própria que muitas vezes perdemos de vista o simples *fato* da dependência.

Pode-se dizer que a história do desenvolvimento da criança começa na absoluta dependência e avança – de forma consistente, tateando níveis de dependência cada vez menores – rumo à independência. Uma criança madura ou um adulto conta com um tipo de independência que, por sorte, está mesclada aos mais diversos tipos de carência e ao amor, evidenciado quando uma perda dá origem a um estado de luto.

Antes do nascimento, a absoluta dependência do bebê costuma ser pensada sobretudo em termos físicos ou corporais. As

———

1 Uma primeira versão deste texto foi publicada sem atribuição de autoria na entrada "Dependência" da enciclopédia especializada em cuidado infantil, *Your Child – The Parent's ABZ*, publicada em fascículos semanais e organizada por Victoria Plowden (London: IPC Magazines, 1970). Winnicott fazia parte do conselho da enciclopédia e, nesse volume, foi creditado como colaborador. [N.E.]

8. A DEPENDÊNCIA NOS CUIDADOS COM A CRIANÇA

últimas semanas da vida no útero afetam o desenvolvimento corporal do bebê, e é plausível pensar no início de um senso de segurança (ou de insegurança) de acordo com o estado da mente desse bebê que ainda não nasceu e cuja capacidade de funcionamento é muito limitada nesse estágio incipiente, já que o cérebro ainda não se desenvolveu de todo. Há, além disso, graus variados de consciência antes e durante o nascimento, conforme os efeitos imprevisíveis ligados à condição da mãe e à capacidade dela de se entregar à assustadora, perigosa e em geral gratificante agonia dos estágios finais de uma gravidez.

Como no início da vida os bebês são criaturas dependentes ao extremo, tudo o que acontece necessariamente os afeta. Eles não têm a mesma compreensão que teríamos se estivéssemos em seu lugar e o tempo todo vivenciam experiências que se acumulam em seu sistema de memória de forma ou a fornecer confiança no mundo ou, ao contrário, a fazê-los se sentir pouco seguros – como rolhas em alto-mar, uma coisinha de nada à mercê das circunstâncias. Em casos extremos de falha ambiental, há uma sensação de imprevisibilidade.

Em última instância, o que constrói a sensação de previsibilidade no bebê pode ser descrito em termos da capacidade da mãe de se adaptar às necessidades dele. Esse é um tema complexo e difícil de colocar em palavras, pois, na realidade, uma adaptação só pode ser bem-feita, ou feita bem o suficiente, por uma mãe que se dedica temporariamente aos cuidados de seu bebê. Não pode ser realizada com esforço ou por meio da leitura de livros. Essa adaptação pertence ao estado especial em que a maioria das mães se encontra ao fim dos nove meses de gestação, um estado em que, com muita naturalidade, toda a sua atenção está voltada para esse elemento central, o bebê – eis como elas sabem como ele se sente.

Algumas mães, contudo, não atingem esse estado com seu primeiro filho, ou então têm motivos para não chegar a esse ponto com um filho específico, embora sejam conscientes de que com o anterior isso tenha sido possível. Não há nada que se possa fazer a respeito. Ninguém acerta o tempo todo. Na maioria das vezes, alguém está disponível para providenciar o que for necessário – talvez o pai, uma avó ou uma tia –, quando a mãe não consegue estar lá para o bebê. Mas no geral dá certo; desde que as circunstâncias sejam seguras o bastante para a mãe, ela (talvez depois de rejeitar o bebê por alguns minutos ou mesmo horas) *saberá*, mesmo sem entender exatamente como, a forma de se adaptar às necessidades de seu filho. Quando ela foi um bebê, sentiu essas mesmas e exatas necessidades. Ainda que não se lembre, uma experiência nunca é perdida para sempre, e então, de alguma forma, ela responde à dependência do novo bebê por meio de uma compreensão pessoal extremamente sensível, que lhe permite adaptar-se a necessidades reais.

Não é necessário ter qualquer conhecimento teórico; as mães vêm realizando essa tarefa há milhões de anos com prazer e de forma satisfatória. É claro, se for possível somar alguma compreensão teórica ao que é natural, tanto melhor, sobretudo quando a mãe precisa defender seu direito de fazer as coisas bem e a seu próprio modo, inclusive (é claro) cometendo erros. Os solícitos ajudantes – inclusive médicos e enfermeiras, necessários em casos de emergência – não têm como saber o que a mãe sabe (depois de nove meses de aprendizado) sobre quais são as necessidades imediatas do bebê e como se adaptar a elas.

Essas necessidades assumem as mais diversas formas, não se tratam apenas de ondas periódicas de fome. Seria um desperdício tentar dar exemplos, serviria apenas para mostrar

8. A DEPENDÊNCIA NOS CUIDADOS COM A CRIANÇA

que só um poeta seria capaz de colocar em palavras aquilo que apresenta infinita variabilidade. Todavia, alguns pontos podem auxiliar o leitor a saber com o que se parece a necessidade quando o bebê se encontra em estado de dependência.

Primeiro, há as necessidades do corpo. Talvez o bebê precise que alguém o levante e o coloque deitado do outro lado. Ou talvez precise ser aquecido, ou então está agasalhado demais e necessita de espaço para transpirar. Ou sua pele sensível precisa de um toque mais suave, de lã, por exemplo. Ou pode haver uma dor, uma cólica talvez, e por alguns minutos o bebê precisa ser carregado para lá e para cá no colo. A alimentação também deve ser incluída entre essas necessidades físicas.

Nesta lista, a proteção contra perturbações grosseiras está pressuposta – nada de voos rasantes: o berço do bebê não é um aviãozinho a ser arrastado pelo vento; e o sol não nasce só para ofuscar os olhos dele.

Segundo, há aquelas necessidades muito sutis que só podem ser satisfeitas por meio de contato humano. Talvez o bebê sinta necessidade de ser embalado pelo ritmo da respiração da mãe, ou então de ouvir e sentir os batimentos cardíacos de um adulto. Talvez ele necessite do cheiro da mãe ou do pai, ou de sons que transmitam a vida e a energia do ambiente, ou de cores e movimentos para que não fique abandonado a seus parcos recursos enquanto ainda é jovem ou imaturo demais para assumir plena responsabilidade pela vida.

Por trás de todas essas necessidades jaz o fato de que os bebês estão sujeitos aos tipos mais severos de ansiedade que se podem imaginar. Se ficarem sozinhos por muito tempo (horas, minutos) sem um contato humano e familiar, eles têm experiências que só podem ser descritas por meio de expressões como:

ser feito em pedaços
cair para todo o sempre
morrer e morrer e morrer
perder toda e qualquer esperança em reaver o contato

É um fato relevante que a maioria dos bebês possa atravessar esses estágios iniciais da dependência sem nunca enfrentar experiências do tipo, e só podem fazê-lo porque sua dependência é reconhecida e suas necessidades básicas são atendidas – afinal, a mãe ou a figura materna adapta a sua forma de viver a tais necessidades.

Mas seria louvável a transformação desses sentimentos terríveis em experiências boas, que contribuem para elevar a confiança nas pessoas e no mundo, desde que haja bom cuidado. A sensação de "ser feito em pedaços" pode, por exemplo, se transformar em relaxamento e sossego se o bebê estiver em boas mãos; "cair para todo o sempre" pode se transformar na alegria de ser carregado e na empolgação e prazer próprios de ser movimentado; "morrer e morrer e morrer", por sua vez, pode se transformar na agradável consciência de estar vivo; e "perder a esperança em relacionamentos" pode – desde que a dependência seja satisfeita de maneira consistente – se transformar em uma sensação de segurança que leva o bebê a saber, mesmo quando está sozinho, que há sempre alguém que se preocupa com ele.

A maior parte dos bebês recebe um cuidado suficientemente bom e, sobretudo, recebe esse cuidado de maneira contínua, de uma pessoa específica, até que seja capaz de sentir prazer em conhecer e confiar em outras pessoas, que nutrem o tipo de amor que as torna confiáveis e adaptáveis.

Sobre esse alicerce, construído pelo acúmulo de experiências de dependência satisfeitas, o bebê pode começar a res-

8. A DEPENDÊNCIA NOS CUIDADOS COM A CRIANÇA

ponder ao que a mãe ou o ambiente, mais cedo ou mais tarde, demandam dele.

Entretanto, há uma pequena parcela de bebês que enfrenta falhas ambientais enquanto ainda são dependentes, o que acarreta danos de maior ou menor grau, mas ainda assim danos que podem ser difíceis de reparar. No melhor dos casos, o bebê, que se tornará uma criança ou um adulto, carregará enterrada dentro de si a memória de um desastre que aconteceu ao self, e muito tempo e muita energia serão dispendidos para colocar ordem na vida, de modo que essa dor não seja sentida de novo.

No pior dos casos, o desenvolvimento da criança como pessoa é distorcido permanentemente, com o propósito de deformar a personalidade e desfigurar o caráter. Surgem sintomas que quase sempre são vistos como malcriação, e a criança sofre nas mãos de quem acredita que punições e educação corretiva podem curar o que na verdade são indícios profundos de uma falha ambiental. Ou, então, a criança pode ficar tão perturbada que é diagnosticada como portadora de uma doença mental e recebe tratamento para uma anomalia que poderia ter sido evitada.

O elemento estabilizador ao refletirmos sobre questões tão difíceis como essas é saber que, na maioria dos casos, os bebês não sofrem dessa maneira e crescem sem precisar dedicar seu tempo e energia à construção de uma fortaleza ao redor de si para afastar um inimigo que, na verdade, está do lado de dentro dos muros.

No caso da maioria dos bebês, o fato de terem sido desejados e amados pela mãe e pelo pai, e também pela família estendida, fornece o *setting* no qual cada criança pode se tornar um indivíduo, não apenas cumprindo seu próprio destino ao seguir os passos que lhe foram legados (até onde a realidade exterior permitir), mas também se sentindo feliz por poder se identificar com outras pessoas, com animais e elementos do meio ambiente, e com a sociedade em seu eterno movimento de auto-organização.

Em geral, tudo isso é possível principalmente porque a dependência – absoluta no início, mas que tateia rumo à independência – foi aceita como um fato e satisfeita por seres humanos que se adaptaram às necessidades do bebê em crescimento, sem ressentimentos, graças a um sentimento rudimentar de pertencimento que podemos, convenientemente, chamar de amor.

9

A COMUNICAÇÃO DO BEBÊ COM A MÃE E A DA MÃE COM O BEBÊ, COMPARADA E CONTRASTADA

[1968]

Na primeira palestra desta série, o dr. Sandler falou sobre a natureza da psicanálise.[1] Nas duas próximas palestras, conversaremos sobre a comunicação inconsciente que acontece entre pais e filhos e entre marido e mulher. Nesta palestra, falarei sobre a comunicação entre o bebê e a mãe.

Vocês já devem ter notado que a palavra *inconsciente* não aparece em meu título.[2] Há uma razão óbvia para isso: o termo *inconsciente* se aplicaria apenas à mãe. O bebê ainda não tem

---

1 Palestra apresentada em janeiro de 1968 durante as "Winter Lectures" – evento aberto e gratuito sobre psicanálise, voltado ao público leigo, organizado anualmente pela Sociedade Britânica de Psicanálise em sua sede, em Londres. As apresentações depois eram compiladas e publicadas em formato de livro. O ciclo de 1968 foi dedicado a debater o tema da "comunicação" e contou com cinco encontros, reunidos no volume com organização de Walter G. Joffe, *What is Psychoanalysis?* (London: Baillière, Tindall & Cassell, 1968). [N.E.]

2 Em novembro de 1967, Winnicott rascunhou anotações preliminares para esta palestra em que oferece uma perspectiva ligeiramente diferente sobre o tema. Esse esboço foi incluído pelos organizadores ao final deste capítulo. Sobre o inconsciente, ver p. 121. [N.E.]

um sistema consciente e outro inconsciente na área que pretendo examinar. Por ora, ele é um combinado de anatomia e de fisiologia, com potencial para se desenvolver em uma personalidade humana. Existem uma tendência geral para o crescimento físico e uma tendência para o desenvolvimento da parte psíquica da unidade psicossomática; existem tendências hereditárias tanto na dimensão física como na psicológica, e entre as tendências hereditárias da psique estão as que levam à integração ou à conquista da plenitude. A base de todas as teorias do desenvolvimento da personalidade humana é a continuidade, a linha da vida, que supostamente começa antes do nascimento do bebê; essa continuidade traz consigo a ideia de que aquilo que fez parte da experiência de um indivíduo não se perde nem nunca se perderá para ele, ainda que por caminhos diversos e complexos deva se tornar – como de fato se torna – inacessível à consciência.

Para que o potencial hereditário tenha chances de se concretizar, no sentido de se manifestar no indivíduo, a provisão ambiental deve ser adequada. Vale a pena usar a expressão "maternagem suficientemente boa" para passar uma imagem não idealizada da função materna; além disso, é importante reter na mente o conceito de dependência absoluta (do bebê em relação ao ambiente), que rapidamente se transforma em dependência relativa e que sempre caminha em direção à independência (sem nunca de fato a alcançar). Independência significa autonomia, o indivíduo se torna viável como pessoa e também fisicamente (enquanto unidade separada).

Esse esquema do ser humano em desenvolvimento leva em conta o fato de que, no início, o bebê ainda não separou o EU do não EU, de modo que, no contexto especial dos primeiros relacionamentos, o comportamento do ambiente é parte inte-

9. A COMUNICAÇÃO DO BEBÊ COM A MÃE E A DA MÃE COM O BEBÊ

grante do bebê na mesma medida em que o são os impulsos herdados em favor da integração, da autonomia, da relação de objeto e de uma parceria psicossomática satisfatória.[3]

A parte mais precária desse complexo a que chamamos bebê é sua experiência cumulativa de vida. Faz toda a diferença se sou filho de uma beduína que vive onde a areia é quente, de uma prisioneira política na Sibéria ou da esposa de um comerciante no belo e chuvoso interior da Inglaterra. Posso ser uma criança tipicamente suburbana ou um filho ilegítimo. Posso ser filho único, irmão mais velho, o filho do meio entre cinco irmãos ou o terceiro de quatro meninos. Tudo isso é importante e é parte de quem sou.

Como Valdar, aquele que nasceu muitas vezes,[4] bebês nascem das mais variadas maneiras com o mesmo potencial hereditário, mas, assim que é dada a largada, *experimentam* e coletam experiências que dependem do ponto no tempo e no espaço em que surgem. Até mesmo o processo de nascer: jaz o tempo em que a mãe ficava de cócoras e aguardava a gravidade puxar o bebê para o centro do mundo; mais tarde, a mãe passou a ser

---

3 Algumas pessoas ficam surpresas quando ouvem dizer que as tendências hereditárias de um bebê são fatores externos a ele, mas elas são tão claramente externas ao bebê quanto a capacidade da mãe em ser uma mãe suficientemente boa, ou sua tendência de ter dificuldades no que faz por estar deprimida.

4 *Valdar the Oft-Born: A Saga of Seven Ages*, publicado em 1895, é uma ficção científica escrita pelo autor inglês George Griffith (1857–1906). Nele, são narradas as inúmeras vidas e peripécias de Valdar, filho de Odin, ao longo dos séculos – ora como amante de Cleópatra, ora como prisioneiro da Inquisição espanhola, ora a serviço da rainha Elizabeth. [N.E.]

colocada deitada de costas – uma posição nada natural, como se estivesse prestes a ser operada, na qual precisa empurrar com toda a força, já que a gravidade joga no sentido contrário. Em um parto assim, a mãe pode ficar exausta de tanto forçar, desenvolver inércia uterina e acabar deixando tudo para o dia seguinte. A mãe consegue ter uma boa noite de sono, porém, para o bebê, que já estava pronto para dar o grande mergulho, a espera é interminável. Isso produz um efeito terrível em uma pessoa que, durante toda a vida, pode se sentir claustrofóbica e incapaz de tolerar intervalos de duração desconhecida entre eventos.

É possível argumentar que certo tipo de comunicação se estabelece de modo intenso desde o início da vida de cada indivíduo humano e que, independentemente do *potencial*, a *experiência concreta* acumulada que forma uma pessoa é precária; o desenvolvimento pode ser retardado ou distorcido a qualquer momento, ou pode nem mesmo se manifestar; de fato, a dependência no início é absoluta.

Observem que levo vocês a um lugar onde a verbalização não faz sentido. Que conexão poderia existir, então, entre tudo isso e a psicanálise, que foi construída com base em um processo de interpretação verbal de ideias e pensamentos verbalizados?

Em poucas palavras, eu diria que a psicanálise precisou começar com base na verbalização, e que esse método é perfeitamente apropriado para tratar pacientes que não sejam esquizoides ou psicóticos, isto é, cujas experiências iniciais são dadas como certas. Em geral, chamamos esses pacientes de psiconeuróticos, para deixar claro que eles vêm para análise não para corrigir experiências do início, muito menos para viver essas primeiras experiências de que carecem. Os pacientes psiconeuróticos atravessaram essas experiências iniciais bem o suficiente, de modo que têm o privilégio de sofrer com

9. A COMUNICAÇÃO DO BEBÊ COM A MÃE E A DA MÃE COM O BEBÊ

seus conflitos pessoais internos e com os efeitos inconvenientes dos mecanismos de defesa que construíram para si mesmos para lidar com a ansiedade relacionada à vida instintiva, e a repressão é a principal delas. Esses pacientes se incomodam com o trabalho que têm para manter reprimido o inconsciente reprimido e encontram alívio no tratamento psicanalítico por meio de novas experiências simplificadas, cujas amostras são escolhidas cuidadosamente no dia a dia por eles próprios (não de maneira deliberada, é claro) para serem confrontadas de acordo com a sempre mutável neurose de transferência.

Por contraste, em nossas investigações analíticas, os fenômenos iniciais se manifestam como características primárias de dois jeitos: primeiro, nas fases esquizoides, pelas quais qualquer paciente pode passar, ou durante o tratamento de sujeitos de fato esquizoides (mas esse não é um tema para aqui e agora); em segundo lugar, no estudo das experiências iniciais concretas de bebês que estão prestes a nascer, que se encontram no processo de nascer, que são segurados após o nascimento, que recebem cuidados e com quem se estabelece comunicação logo nas primeiras semanas e meses, muito antes que a verbalização tenha algum sentido.

O que pretendo fazer aqui, portanto, é observar algo específico: as primeiras experiências de vida de um bebê qualquer, com ênfase na comunicação.

Segundo minha hipótese, no começo há dependência absoluta, e o ambiente sem dúvida é relevante. Assim, de que maneira os bebês conseguem superar as complexidades das primeiras fases do desenvolvimento? Temos certeza de que um bebê não se torna uma pessoa se houver apenas um ambiente não humano; nem mesmo a melhor máquina pode fornecer o que é necessário. Não, são os seres humanos que são necessários, e seres humanos são, essencialmente, humanos – ou seja, imperfeitos –, livres de qualquer previsibilidade mecânica. O uso que o bebê faz do ambiente não humano depende do uso prévio do ambiente humano.

Como, então, podemos formular uma descrição do estágio seguinte, que trata da experiência de vida do bebê em um estado de absoluta dependência?

Podemos partir da premissa de que há um estado na mãe[5] – um estado psiquiátrico, como estar retraída ou concentrada –, bastante característico (se houver saúde) do fim da gestação, que dura algumas semanas ou meses após o parto. (Já escrevi sobre isso antes e inclusive lhe dei um nome: *preocupação materna primária*.)[6]

Devemos partir do pressuposto de que os bebês do mundo, do passado e do presente, nasceram em um ambiente humano suficientemente bom, ou seja, em um ambiente que se adapta na medida certa, de maneira apropriada e que atende às suas necessidades.

As mães (ou mães substitutas) em geral parecem ser capazes de atingir esse estado, e talvez seja de ajuda saber que ele dura apenas certo tempo e que elas vão se recuperar. Muitas mulheres temem esse estado, pensam que ele as transformará em legumes, e, por isso, se agarram a qualquer vestígio de sua carreira profissional, sem jamais permitir a si mesmas um envolvimento completo, mesmo que temporário.

---

5 Quando me refiro à mãe, não estou excluindo o pai. Porém, nesse estágio, é o aspecto materno do pai que nos interessa.

6 Vf. D. W. Winnicott, *Da pediatria à psicanálise* [1958], trad. Davy Bogomoletz. São Paulo: Ubu Editora, 2021.

9. A COMUNICAÇÃO DO BEBÊ COM A MÃE E A DA MÃE COM O BEBÊ

Nesse estado, é provável que as mães se tornem capazes de se colocar no lugar do bebê de forma muito especializada, isto é, de quase se perderem em uma identificação com ele, a ponto de saberem (de maneira genérica, quando não específica) do que é que o bebê precisa em dado momento. Ao mesmo tempo, claro, as mães continuam a ser elas mesmas e têm consciência de que necessitam de proteção enquanto estiverem nesse estado que as torna tão vulneráveis. Elas assumem a vulnerabilidade do filho. Também presumem que serão capazes de sair dessa posição especial no curso de alguns meses.

Isso quer dizer que, em geral, os bebês encontram condições ideais quando estão nesse estado de dependência absoluta, ainda que alguns deles *não* estejam. Quero dizer que os bebês que não experimentam um cuidado suficientemente bom jamais se sentem realizados, mesmo quando bebês. Apenas genes não bastam.

Não quero me aprofundar demais nesse tópico, mas ainda preciso lidar com uma complicação, que obstrui a evolução de meu argumento. Ela diz respeito à diferença fundamental entre a mãe e o bebê.

A mãe, é claro, já foi um bebê. Tem, dentro de si, em algum lugar, todo esse conglomerado de experiências, sua própria dependência e sua jornada gradual até a autonomia. Além disso, a mãe *brincou* de ser bebê e brincou de casinha; ela regrediu à condição de bebê quando ficou doente; talvez tenha visto sua mãe cuidar dos irmãos mais novos. Talvez tenha recebido informações sobre cuidado infantil, quem sabe tenha lido livros e até concebido ideias próprias sobre o que é certo e o que é errado no manejo de um bebê. Sim, ela também é afetada profundamente pelos costumes locais, aos quais se adequa ou reage, ou até mesmo rompe, seguindo seu próprio caminho de um jeito independente ou inovador.

110

O bebê, entretanto, nunca foi mãe. O bebê nem mesmo já foi bebê antes. Tudo é uma *primeira experiência* para ele. Não há referência. O tempo não é medido por relógios, nem pelo amanhecer ou o entardecer, e sim pelas batidas do coração da mãe, pelo ritmo da respiração dela, pelo vaivém das tensões instintivas ou por uma série de outros dispositivos nada mecânicos.

Ao descrever a comunicação entre o bebê e a mãe, há, portanto, uma dicotomia essencial: a mãe pode se reduzir a modos infantis de experiência, no entanto o bebê não pode se inflar até a sofisticação de um adulto. De modo que a mãe pode ou não conversar com seu bebê; não faz diferença, pois a linguagem não é importante.

É possível aqui vocês esperarem que eu fale sobre as entonações que caracterizam a fala, mesmo nos níveis mais sofisticados. Quando um analista está em ação, o paciente verbaliza e o analista interpreta. Só que não se trata apenas de comunicação verbal. O analista sente que há certa tendência no material apresentado pelo paciente que demanda verbalização. Muita coisa depende da maneira como o analista usa as palavras e, portanto, da atitude subjacente à interpretação. Uma paciente cravou as unhas na pele da minha mão durante um momento de sentimentos intensos. Minha interpretação foi: "Ai!". Isso não demandou quase nada de meu equipamento intelectual, contudo a reação foi bastante útil, já que ela reagiu imediatamente (não após uma pausa para reflexão), e porque mostrou para a paciente que minha mão estava viva, que era parte de mim, e que eu estava lá para ser usado. Ou melhor, que só posso ser usado se eu sobreviver.

Ainda que a psicanálise de determinados sujeitos se baseie na verbalização, todo analista sabe que, além do conteúdo das interpretações, a atitude implícita na verbalização tem relevân-

9. A COMUNICAÇÃO DO BEBÊ COM A MÃE E A DA MÃE COM O BEBÊ

cia própria, e essa atitude se reflete nas nuances, na sincronia e nas incontáveis formas que se comparam com a variedade infinita da poesia.

Por exemplo, a abordagem não moralista – fundamental para a psicoterapia e para o serviço social – se comunica não por palavras, mas por uma qualidade não moralista do profissional. É a parte positiva daquela canção do show de variedades,[7] cujo refrão diz: "Não foi bem o que ela disse, mas o terrível jeito com que falou".

Quanto aos cuidados infantis, a mãe sente que é capaz de demonstrar uma atitude moralista muito antes que palavras como "travesso" façam sentido para o bebê. Talvez ela goste de dizer algo como: "Você é fogo, seu pestinha!", de um jeito simpático, para que se sinta bem, e o bebê sorria de volta, contente por terem mexido com ele. Ou quem sabe dizer algo mais sutil, como os versos: "Nana, nenê, que a cuca vem pegar", que não são lá muito gentis em termos de palavras, mas que soam bem.

A mãe consegue até mesmo mostrar ao seu bebê, que ainda não tem linguagem verbal, o que é que ela quer dizer: "Deus tenha piedade da sua alma se você se sujar de novo depois do banho!"; ou algo bem diferente, como: "Você não pode mais fazer isso!", que envolve um confronto direto de vontades e personalidades.

O que, então, é comunicado quando a mãe se adapta às necessidades de seu bebê? Refiro-me agora ao conceito de *segurar*. Há uma economia valiosa no uso, e mesmo na exploração, do termo *segurar* na descrição do *setting*, em que as comu-

---

7   No original, *Music-hall song*. Gênero de teatro muito popular na Inglaterra até os anos 1960, misturava apresentações de música, humor, mágica, dança etc. No Brasil, ficou conhecido como "teatro de revista". [N.E.]

nicações mais importantes acontecem no início das experiências de vida do bebê. Se eu adotar essa linha – a de exploração do conceito de *segurar* –, então estaremos diante de duas coisas: da mãe que segura o bebê e do bebê que está sendo segurado e que está passando rapidamente por uma série de fases de desenvolvimento de extrema importância para seu estabelecimento como pessoa. A mãe não precisa saber o que se passa com o bebê, mas o desenvolvimento da criança não acontece se a confiança humana presente no ato de segurar e manusear não estiver lá.[8]

Poderíamos examinar o patológico ou o normal, mas, como é mais simples examinar o que é normal, adotarei essa alternativa.

A capacidade materna de corresponder às mudanças e às necessidades de desenvolvimento desse bebê em particular permite que ele tenha uma linha da vida relativamente sólida; permite também que experimente estados de confiança não integrados e relaxados ao ser segurado de maneira concreta, além de passar por fases de integração que com frequência se repetem e fazem parte da sua tendência hereditária de crescimento. O bebê vai e vem com facilidade da integração para o estado relaxado de não integração, e o acúmulo dessas experiências se transforma em um padrão e compõe o alicerce para as expectativas dele. O bebê passa a acreditar em uma confiabilidade nos processos internos que levam à integração em uma unidade.[9]

---

8   D. W. Winnicott, "A teoria do relacionamento pais-bebê" [1960], in *Processos de amadurecimento e ambiente facilitador: estudos sobre a teoria do desenvolvimento emocional*, trad. Irineo Constantino Schuch Ortiz. São Paulo: Ubu Editora / WMF Martins Fontes, 2022.
9   Id., "Desenvolvimento emocional primitivo", in *Da pediatria à psicanálise* [1958], op. cit.

9. A COMUNICAÇÃO DO BEBÊ COM A MÃE E A DA MÃE COM O BEBÊ

À medida que o desenvolvimento prossegue e que o bebê adquire um dentro e um fora, a confiabilidade do ambiente se transforma em uma crença, uma introjeção baseada na *experiência da confiabilidade* (humana, logo mecanicamente imperfeita).

Acaso não é verdade que a mãe se comunica com o bebê? Ela diz: "Sou confiável – não porque sou uma máquina, mas porque sei do que você precisa; e eu cuido de você e quero dar aquilo de que você precisa. É isso que chamo de amor nessa fase de seu desenvolvimento".

Mas esse tipo de comunicação é silencioso. O bebê não escuta nem registra o que é comunicado, apenas os efeitos da confiabilidade, gravados na forma de um desenvolvimento constante. O bebê desconhece a comunicação, a não ser pelos efeitos do *fracasso* de confiabilidade. É aqui que reside a diferença entre a perfeição mecânica e o amor humano. Os seres humanos fracassam de novo e de novo, e, no curso regular do cuidado com o filho, uma mãe repara o tempo todo os próprios erros. Essas falhas relativas e imediatamente remediadas sem dúvida contribuem para comunicar algo, e é assim que o bebê conhece o sucesso. A adaptação bem-sucedida transmite ao bebê uma sensação de segurança, um sentimento de ser amado. Como analistas, sabemos disso porque fracassamos o tempo todo, e raiva é o que esperamos receber e recebemos. Se sobrevivermos, seremos usados. São essas incontáveis falhas, seguidas por um tipo de cuidado que busca corrigi-las, que levam à construção de uma comunicação de amor, do fato de que ali existe um ser humano que se importa. Quando a falha não é reparada no devido tempo – segundos, minutos ou horas –, usamos, então, o termo *deprivação*. Uma criança que sofreu privações é aquela que, depois de saber que é possível reparar falhas, vivencia falhas não reparadas. A partir disso, a vocação da criança passa a ser provocar situações em que falhas reparadas se tornam uma vez mais o padrão para a vida.

Você perceberá que essas milhares de falhas relativas da vida normal não podem ser comparadas às falhas graves de adaptação – estas não geram raiva porque o bebê ainda não está organizado para sentir raiva de algo, e sentir raiva implica manter na memória um ideal que foi estraçalhado. Falhas graves no ato de segurar o bebê produzem nele uma ansiedade inimaginável, que inclui as sensações de:

ser feito em pedaços;
cair para todo o sempre;
isolar-se completamente, pois não
   há forma alguma de comunicação;
desunião entre psique e soma.

Esses são os frutos da *privação*, de falha ambiental não reparada.

(Vocês notarão que não tive tempo de falar sobre a comunicação com o intelecto, mesmo que com o intelecto rudimentar do bebê; terei, portanto, que me contentar em fazer referência à parte da parceria psicossomática que cabe à psique.)

Não é possível pensar nas falhas graves de adaptação como forma de comunicação. Não precisamos ensinar ao bebê que coisas podem dar muito errado. Se as coisas dão errado e não são logo reparadas, então ele será afetado de forma permanente, será distorcido em termos de desenvolvimento, e a comunicação entrará em colapso.

9. A COMUNICAÇÃO DO BEBÊ COM A MÃE E A DA MÃE COM O BEBÊ

Elaboração do tema

Talvez eu tenha dito o bastante para chamar a atenção para essas silenciosas primeiras comunicações em suas formas mais básicas. Gostaria de falar um pouco mais e, assim, oferecer diretrizes gerais.

a) A vivacidade da intercomunicação entre mãe e bebê é mantida de formas especiais. Há o movimento da respiração da mãe, o calor de seu hálito e, sim, também o seu cheiro, que varia tanto. Há inclusive o som das batidas de seu coração – um som já bem conhecido pelo bebê, na medida em que há, ali, antes de nascer, uma pessoa capaz de conhecer o que quer que seja.

Um exemplo dessa comunicação física básica é o movimento de ninar, em que a mãe adapta seus movimentos àqueles do bebê. Ninar é uma garantia contra a despersonalização ou contra o rompimento da parceria psicossomática. Por acaso os bebês não variam o ritmo de seu balançar? Não seria possível para uma mãe considerar o ritmo de seu bebê rápido ou lento demais para que se adapte com naturalidade, sem ter de fazê-lo artificialmente? Ao descrever esse grupo de fenômenos, podemos dizer que a comunicação se dá em termos de reciprocidade na experiência física.

b) Há também o brincar. Não me refiro aqui a jogos, brincadeiras ou piadas. O interjogo entre a mãe e o bebê estabelece o que poderíamos chamar de uma área comum ou, melhor dizendo, um parquinho,[10] uma terra de ninguém que é o terri-

---

10 No original, *Tom Tindler's Ground* [O território de Tom Tindler]. Trata-se de uma brincadeira inglesa típica, na qual uma criança assume o papel de Tom Tindler e fica no topo de uma pilha de pedras, seus "bens", enquanto outras tentam roubá-la. A brincadeira também

tório de cada um, o lugar onde está o segredo, o espaço potencial que pode se tornar um objeto transicional,[11] o símbolo de confiança e de união entre a mãe e o bebê, uma união que não envolve interpenetração. Portanto, não nos esqueçamos do brincar, onde nascem a afeição e o prazer pela experiência.

c) Além disso, muitas coisas podem ser ditas a respeito do uso que o bebê faz do rosto da mãe. É possível pensar nesse rosto como o protótipo de um espelho. No rosto da mãe, o bebê vê a si mesmo. Se a mãe está deprimida ou preocupada com alguma outra coisa, então, é claro, tudo o que o bebê enxerga é apenas um rosto.[12]

d) A partir desse ponto e com base nessas comunicações silenciosas, podemos considerar o modo como a mãe torna real exatamente aquilo que o bebê está pronto para procurar, fornecendo-lhe a ideia daquilo para o qual ele está pronto. O bebê diz (sem palavras, é claro): "Eu gostaria de...", então a mãe surge e muda o bebê de posição, ou traz os apetrechos para alimentá-lo, de maneira que ele se torna capaz de terminar a frase: "... me virar; um seio; um mamilo; leite etc.". Dizemos que o bebê criou o seio, mas só pôde fazê-lo porque a mãe surgiu com o seio no exato momento. A comunicação com o bebê é a seguinte: "Venha ao mundo criativamente, crie o mundo; só aquilo que

———

dá nome a um conto de 1861 de Charles Dickens e acabou por transformar-se em uma expressão idiomática no inglês moderno para "terra de ninguém". [N.E.]

11 D. W. Winnicott, "Objetos transicionais e fenômenos transicionais" [1951], in *O brincar e a realidade*, trad. Breno Longhi. São Paulo: Ubu Editora, 2019.

12 Id., "O papel do espelho da mãe e da família no desenvolvimento infantil" [1967], in *O brincar e a realidade*, op. cit.

9. A COMUNICAÇÃO DO BEBÊ COM A MÃE E A DA MÃE COM O BEBÊ

cria faz sentido para você". E depois: "O mundo está sob seu controle". Com base nessa experiência inicial de onipotência, o bebê pode começar a experimentar a frustração e até mesmo chegar, um dia, ao extremo oposto da onipotência, ou seja, ao sentimento de ser apenas um grão de areia em um universo, um universo que já estava lá antes que ele fosse concebido e antes de sua concepção por pais que se gostam. Não é só depois de *ser Deus* que os seres humanos encontram a humildade própria da individualidade humana?

Por fim, talvez vocês perguntem, qual é a finalidade de toda essa conversa sobre mães e bebês? Gostaria de deixar claro que não é a de dizer às mães o que devem fazer ou como devem ser. Se elas não forem como são, não podemos fazer com que sejam. Podemos, por outro lado, evitar interferências. Mas deve haver um propósito em nosso pensamento. Se aprendermos com as mães e os bebês, começaremos a entender do que é que os pacientes esquizoides, em sua forma peculiar de transferência, precisam de nós, se houver um tratamento em curso. É uma via de mão dupla: podemos aprender com pacientes esquizoides a observar mães e bebês e a identificar com mais clareza o que é que está lá. Contudo, na essência, é com mães e com bebês que aprendemos sobre as necessidades de pacientes psicóticos ou de pacientes que passam por fases psicóticas.

É nos primeiros estágios da intercomunicação entre bebê e mãe que a mãe estabelece as bases para a futura saúde mental do bebê; e, no tratamento de transtornos mentais, necessariamente deparamos com cada detalhe das falhas da facilitação ocorridas no início. Encontramos as falhas, mas (não se esqueçam disso!) o sucesso aparece na forma de um crescimento pessoal possibilitado por uma provisão ambiental bem-sucedida. Pois o que a mãe faz quando se sai bem o suficiente é facilitar o processo de desenvolvimento do próprio bebê, garantindo que ele concretize, até certo ponto, o potencial que herdou.

Tudo o que fazemos na psicanálise bem-sucedida é desatar os nós que impediam o desenvolvimento, além de liberar os processos de desenvolvimento e as tendências hereditárias do paciente. De maneira peculiar, somos de fato capazes de alterar o passado do paciente, de modo que alguém, cujo ambiente materno não tenha sido suficientemente bom, possa se tornar uma pessoa cujo ambiente facilitador foi suficientemente bom e cujo crescimento pessoal pôde, portanto, ocorrer, mesmo que um pouco mais tarde. Quando isso acontece, o analista recebe uma recompensa que não tem a ver com gratidão, mas que é muito similar àquela que os pais sentem quando a criança atinge autonomia. Nesse contexto de segurar e manusear de maneira suficientemente boa, o novo indivíduo é capaz de realizar parte de seu potencial. De algum modo, silenciosamente comunicamos confiabilidade, e o paciente reage com um crescimento que poderia ter acontecido nos primeiríssimos estágios no contexto do cuidado humano.

Resta analisar a questão quanto a haver algo útil para dizer sobre a comunicação do bebê com a mãe. Continuo a me referir aos estágios muito iniciais. Com certeza, alguma coisa acontece com as pessoas ao serem confrontadas com o desamparo que supostamente caracteriza os bebês. Seria uma situação terrível se largassem um bebê na porta da sua casa, pois a sua reação ao desamparo dele alteraria toda a sua vida e talvez interrompesse seus planos. Isso é bastante óbvio, mas de alguma forma precisa ser reformulado em termos de dependência, porque, embora haja desamparo no bebê por um lado, por outro é possível dizer que ele tem um potencial enorme de continuar vivendo, de se desenvolver e de alcançar seu potencial. Quase podemos

9. A COMUNICAÇÃO DO BEBÊ COM A MÃE E A DA MÃE COM O BEBÊ

afirmar que aqueles que estão sob a condição de cuidadores de um bebê estão tão desamparados em relação ao desamparo do bebê quanto o próprio bebê. Talvez haja uma batalha de desamparos.

Ainda em referência à comunicação do bebê com a mãe, creio que o tema possa ser resumido em termos de criatividade e conformidade. A esse respeito, devo dizer que, em condições saudáveis, a comunicação criativa tem prioridade sobre a conformada. Ao ver e interagir criativamente com o mundo, o bebê pode se tornar capaz de se conformar sem se sentir diminuído. Quando o padrão se dá do modo inverso e a conformidade é dominante, então estamos diante de um caso doentio e de uma base ruim para o desenvolvimento do indivíduo.

Portanto, no fim das contas, podemos concluir que o bebê se comunica criativamente e que, com o tempo, consegue usar aquilo que descobriu. Para a maioria das pessoas, não existe elogio maior do que ser descoberto e usado, e suponho, portanto, que as seguintes palavras possam representar a comunicação do bebê com a mãe:

Eu encontro você;
Você sobrevive ao que lhe faço à medida que a reconheço
   como não EU;
Eu uso você;
Eu me esqueço de você;
Mas você se lembra de mim;
Continuo me esquecendo de você;
Eu a perco;
Estou triste.

NOTAS PRELIMINARES
DE 20 DE NOVEMBRO DE 1967

Termos atuais, como instinto maternal e simbiose, são insatisfatórios.
Relevância limitada de estudos com animais.

Contribuição da psicanálise.
Notar o uso da palavra "inconsciente" nos títulos de palestras anteriores, mas não neste.
Razão: o não consciente dos bebês não é um inconsciente.
A ênfase está nos estágios iniciais de desenvolvimento da pessoa, que poderá se tornar consciente e inconsciente.
Por contraste: a mãe (ou o pai) tem todas as características de uma pessoa humana madura.
A mãe já foi um bebê.
Ela já brincou de ser mãe e também recebeu ideias transmitidas por outras pessoas.
O bebê ainda não foi uma mãe e nunca brincou de nada.

Para seguir adiante, é necessário ensaiar uma afirmação sobre os estágios iniciais do desenvolvimento do bebê humano. Tempo suficiente para apenas uma afirmação sobre:

- Continuidade no crescimento individual.
- Dependência, que no começo é quase total.
- Ameaças de rupturas na continuidade por reações a obstáculos.
- Obstáculos encarados como falhas do ambiente no estágio de dependência.

9. A COMUNICAÇÃO DO BEBÊ COM A MÃE E A DA MÃE COM O BEBÊ

– Liberação gradual do ambiente devido ao alcance crescente da capacidade do bebê de predizer.

Exemplo extremo: o bebê se comunica por meio de seu desamparo, de sua dependência.

Uma comunicação está presente ou não com base na capacidade da mãe de se identificar ou não com o bebê, de saber o que é necessário antes que necessidades específicas sejam indicadas.

Isso nos leva a um estudo das mudanças na mãe (pai) relativas à gravidez e à maternidade.

Postular uma condição especial, um abandono provisório, mas necessário, como em uma doença. Nessa condição, a mãe é tanto o bebê quanto ela mesma, ela não sente uma ferida narcísica quando sua identificação com o bebê esvazia sua própria condição pessoal.

Ela pode ficar assustada com isso, e talvez a ajude escutar que essa condição durará apenas algumas semanas ou meses e que ela vai se recuperar.

Sem essa condição temporária, a mãe não conseguirá transformar as necessidades infinitamente sutis do bebê em comunicação.

A mãe se comunica com o bebê ao saber do que ele precisa antes que essa necessidade seja expressa em um gesto.

A partir disso, o gesto que expressa a necessidade se desenvolve de maneira natural, e os pais podem atender a essa comunicação com uma resposta apropriada. Decorre daí a comunicação deliberada de todos os tipos, não só de necessidades, mas também de vontades. Nessa fase, a mãe pode se sentir livre mais uma vez para ser ela mesma e para causar frustração. Esse estágio deve evoluir do anterior.

A frustração do "eu quero" produz raiva. Mesmo a falha em satisfazer gestos deliberados de "eu preciso" pode causar angústia, e essa comunicação pode ajudar a mãe a fazer o que é preciso, ainda que com algum atraso.

Em contraposição, a falha em satisfazer a necessidade que precede o gesto deliberado só pode resultar na distorção do processo de desenvolvimento infantil – o melhor resultado a ser alcançado será, quando muito, a fúria.

Devemos destacar que cada distorção do processo de desenvolvimento infantil é acompanhada por uma ansiedade inimaginável:

desintegração;
cair para todo o sempre;
fracasso absoluto na relação com o objeto etc.

Nossos casos *borderline* – aqueles que podem nos ajudar a entender essas coisas – carregam consigo experiências de ansiedade inimaginável, as quais são falhas de comunicação no estágio da dependência absoluta.

TEXTOS INÉDITOS

Os três textos a seguir são esboços inéditos que foram utilizados como base para episódios de programas de rádio veiculados pela BBC Home Service de Londres. Junto a cartas, desenhos e áudios originais, eles fazem parte de um vasto material publicado pela primeira vez no volume XII das obras completas de Donald W. Winnicott, disponibilizados on-line pela Oxford Clinical Psychology em fevereiro de 2020.[1] Os três episódios fazem parte das inúmeras séries de programas que a BBC dedicou ao tema do cuidado infantil e da maternidade, com as quais Winnicott colaborou de 1939 a 1968, ora com participações pontuais, ora semanalmente durante temporadas inteiras, concebidas por ele em parceria com a produtora Isa Benzie. Sua participação no rádio, contudo, foi sempre anônima, creditada a "um psicólogo" ou a "um médico que cuida de crianças". Em uma época em que os programas de rádio tinham um papel central na vida cotidiana, no início dos anos 1950, o termo "mãe suficientemente boa" já havia se tornado corrente.

Quase todas as gravações foram destruídas pela BBC – como era comum na época –, mas Winnicott manteve a cópia de uma das séries e regravou a mais popular delas, "A mãe dedicada comum e seu bebê", para uma organização de pais da Nova Zelândia.[2] Logo, os trechos incompreensíveis dos manuscritos de seus programas nem sempre puderam ser elucidados e foram suprimidos pelo organizador das obras completas, Robert Adès. Tais supressões foram marcadas por [...].

---

1 Disponível em: oxfordclinicalpsych.com/view/10.1093/med:psych/9780190271442.001.0001/med-9780190271442?.

2 O áudio dos catorze episódios está disponível em: oxfordclinicalpsych.com/view/10.1093/med:psych/9780190271442.001.0001/med-9780190271442-chapter-11-div1-3.

1

ESPERANDO PELA CHEGADA DO BEBÊ

[1945]

Presume-se que, se falo sobre os preparativos para a chegada do bebê, dirijo-me sobretudo a gestantes.[1] Conheci várias delas e duvido muito que queiram conversar sobre seus bebês enquanto ainda estão grávidas. Talvez a última coisa que queiram fazer é se sentar em frente ao rádio para pensar a respeito. Não acredito nem mesmo que elas estejam com cabeça para pensar em qualquer coisa neste momento, mesmo que, em outras ocasiões, queiram falar sobre problemas, ler livros ou ouvir a BBC.

---

1 Roteiro incompleto do segundo episódio do programa de rádio *O novo bebê*, veiculado em 10 de outubro de 1945. Composta de doze episódios com diferentes convidados, foi a primeira série voltada para gestantes produzida por Isa Benzie para a BBC Home Service. Winnicott participa do segundo e do oitavo episódios, publicado aqui na sequência. Os programas de 1945 foram especialmente relevantes para a reconstrução de um ideal de cuidado infantil no pós-guerra, não só porque muitas crianças haviam sido separadas de suas famílias e outras tantas se tornaram órfãs, mas também por causa da explosão de nascimentos que ocorreu na sequência, a ponto de essa geração ser denominada "*baby boomer*". [N.E.]

I. ESPERANDO PELA CHEGADA DO BEBÊ

Por isso, tenho a impressão de que o melhor jeito de ajudar gestantes – se é que podemos ajudá-las dessa maneira – é tentando compreender ao máximo sua situação neste mundo.

Quando vejo alguém que claramente está prestes a ter um bebê, sou tomado pela mesma sensação que tinha durante a guerra, quando me encontrava com pilotos da RAF [Força Aérea Real inglesa] que estavam de folga: aqui estávamos nós, jogando conversa fora diante de uma garrafa de cerveja, mas, esta noite, ou na noite seguinte, enquanto um estiver no conforto de sua cama, o outro estará em meio a uma batalha sob o céu escuro ou sob fogo cruzado em território inimigo. Um marinheiro me disse que se sentia estranho ao observar, enquanto caminhava em uma noite difícil pelas ruas de Portsmouth, as pessoas em casa, fechando as cortinas e se preparando para jantar e depois dormir, enquanto ele voltava ao seu destróier, onde passaria a noite exposto às intempéries. Da mesma maneira, ao cruzarmos com uma gestante na rua ou ficarmos ao seu lado na fila da peixaria, nós a tratamos, e com razão, como se fosse uma de nós, embora saibamos que sua situação é bem diferente da nossa e que, em poucas semanas ou meses, ela, e não nós, vai passar por uma tremenda experiência.

A comparação entre soldados e grávidas sem dúvida faz muito sentido. Eu diria até que nenhum homem deveria ter o direito de ter um bebê com uma mulher antes de ter alcançado um estágio em seu desenvolvimento que o tornasse capaz de arriscar a própria vida em uma batalha. Não por acaso o número de casamentos aumenta quando há uma luta a se enfrentar ou que mais bebês sejam concebidos em tempos de guerra do que em épocas de paz. Pois é sobretudo durante a guerra que os homens descobrem algo novo sobre si mesmos, inclusive a disposição para arriscar a vida por uma boa causa. Sem elaborar de maneira consciente, é como se eles sentissem que sua coragem os torna livres para causar à sua mulher uma dor equivalente, na forma da gravidez e do parto.

Já consigo ouvir algumas pessoas dizendo que coisas assim não devem ser ditas em voz alta, uma vez que é grande a demanda por mais bebês e que a ideia da gravidez como dor colocaria medo demais nas jovens que pensam em ter seus filhos. Não acredito nisso. Penso que é preciso dizer às jovens que a gravidez é sua guerra, sua situação de risco, sua realidade, e acredito que isso ressoará nelas porque é a verdade.

Quando estão grávidas, as mulheres observam mudanças constantes em si mesmas, mudanças que nós devemos estudar e considerar completamente naturais e, na maioria das vezes, temporárias.

Sem dúvida, à medida que a gravidez avança, você percebe que está mais pesada, que ficar de pé já não é a mesma coisa, e – se essa for sua primeira gestação – notará alterações na forma do seu corpo, sobretudo nos seios. Talvez você fique um pouco inquieta, incapaz de permanecer muito tempo deitada. Para neutralizar essa inquietação, você tricota roupas, reorganiza o quarto e, em geral, dá um jeito de nunca ficar sem nada para fazer.

De tempos em tempos, você se empolga com tudo o que está acontecendo, mas não consegue manter a empolgação o tempo todo, o que talvez seja uma coisa boa.

Talvez você perceba que se torna um pouco absorta, ou que se sente tola, sem sua mente afiada de sempre, ou então que está extraordinariamente desinteressada pelas eleições municipais que estão logo aí, ou pela quantidade de carvão seu vizinho tem, ou até mesmo pelo futuro da bomba atômica. É claro que não posso falar por todas ao mesmo tempo, e você pode facilmente ser uma dessas mulheres que atravessam a gestação

I. ESPERANDO PELA CHEGADA DO BEBÊ

sem perder a pose. Algumas de fato consideram esse período de particular tranquilidade, então leem aqueles livros que nunca tiveram tempo de ler e ouvem música sem a velha sensação de que deveriam estar fazendo outra coisa. Outras sentem, pela primeira vez na vida, que são importantes, ou que têm razões para só comer o que há de melhor ou então para serem bem cuidadas. Mas muitas – o que é natural e comum – ficam inquietas ou se sentem de alguma forma mudadas; e você deve esperar que leve algum tempo, após o nascimento, para voltar a ser o que era. Carregar dentro de você três ou quatro quilos a mais, pressionados contra seu diafragma e seu coração, não é brincadeira; na verdade, isso é suficiente para transformar qualquer fala no rádio em um disparate. Perto do fim da gestação, é comum que as mães praticamente se interessem somente por questões ligadas a aspectos físicos: peso, desconforto, limitação dos movimentos, dificuldades na hora de dormir.

Do ponto de vista físico, é o bebê que está confinado no corpo da mãe, mas também podemos dizer que é a mãe que está confinada na própria gravidez, pelo término da qual ela só pode esperar, esperar e esperar, como uma aluna com saudades de casa em um colégio interno, que só tem olhos para o calendário. O soldado que foi enviado ao Oriente há quatro anos e não faz ideia de quando sua tropa será desmobilizada está no mesmo barco.

Hoje, na verdade, já compreendemos melhor o aspecto físico da gravidez. Na maioria dos lugares, há atendimento eficiente tanto para prevenir imprevistos como para tratar problemas. É claro que existem os tratamentos corriqueiros para enjoos matutinos, indigestão e outros desconfortos comuns, e esses problemas geralmente podem ser tratados pelo médico da família, que, na melhor das circunstâncias, poderá inclusive conduzir o parto. Contudo, você também pode achar uma boa ideia visitar uma clínica pré-natal periodicamente, onde poderá ser examinada e tranquilizada se tudo caminhar bem, ou receber orientação quanto ao tratamento [...] de melhor tipo. Deve ser um grande alívio poder [...] marcar com uma enfermeira para acompanhar o parto em sua própria [...] assegurar um leito na maternidade de um hospital, para que você saiba o que dizer às pessoas quando chegar a hora.

Sabemos que o parto tem um lado assustador e não podemos esperar que as mulheres façam bem esse trabalho a menos que entendamos que cada uma delas deve ter acesso a todo o cuidado que pode ser oferecido pelo conhecimento médico e cirúrgico atual. Um homem da Birmânia me disse certa vez: "O exército é pura burocracia até você chegar à linha de frente: assim que entra em contato com as tropas japonesas, basta pedir um novo par de botas pelo rádio que no dia seguinte elas são arremessadas de paraquedas para você". Você, que está gerando uma criança, deve ter prioridade, e acredito que isso é o que acontece na ampla maioria das vezes. Mesmo durante a guerra, as gestantes tinham comida suficiente e recebiam o melhor acompanhamento médico disponível no distrito, apesar da falta de médicos e enfermeiras. E isso aconteceu *não* porque o país precisa de mais crianças para lutar na próxima guerra, e sim porque reconhecer que os homens fazem coisas corajosas em batalha tornou mais fácil perceber todas as coisas corajosas que as mulheres fazem durante a gestação. Do ponto de vista físico, muitas de vocês podem afirmar que são bem tratadas ao fazer pleno uso de todos os serviços disponíveis.

Este assunto tão importante – tratar dos aspectos físicos do parto –, entretanto, não basta. O cuidado habilidoso com o corpo *não* é suficiente! Eu diria que, nesse momento, todas as mulheres precisam de um médico que possam conhecer e em quem possam confiar, um médico que demonstre interesse pessoal nela e

I. ESPERANDO PELA CHEGADA DO BEBÊ

no aguardado bebê. A mãe deve confiar tanto em seu médico a ponto de saber que, mesmo quando estiver inconsciente, ele não negligenciará seu caso. Isso também vale para as enfermeiras. Obviamente, o melhor seria que o mesmo médico a acompanhasse durante toda a gestação e que a mesma enfermeira estivesse com você antes e depois do parto, mas as coisas nem sempre acontecem assim; afinal, não há, nem nunca haverá, médicos e enfermeiras suficientes. Se na maternidade você encontra não apenas equipamentos e métodos modernos, mas também um trato gentil e personalizado, com pessoas que acreditam em você, considere-se com boa sorte. Por mais experientes que sejam, não há dúvidas de que médicos e enfermeiras só são bons se acreditam em você como o ser humano completo que é. Você quer o cuidado e o conhecimento deles e é provável que receba ambos. Você precisará de um médico sobretudo se seu marido estiver longe e não conseguir permanecer em casa mediante licença. Mas, onde quer que seu marido esteja, em casa ou distante, ele também vai querer saber quem vai estar lá para representá-lo no cuidado com você. O bebê é uma responsabilidade compartilhada desde o início, e, para o pai, é enlouquecedor não poder desempenhar seu papel em um momento tão fundamental como o nascimento de seu filho.

Eu sei que, para muitas de vocês, o acompanhamento pessoal e cuidadoso de sua gestação por um médico conhecido já é suficiente para aliviar ansiedades que podem, de outra forma, complicar os nove meses de vigília, porém não estranhe se notar que a tensão está na sua mente tanto quanto no seu corpo. Medos irracionais e momentos de depressão podem surgir, mas saber que você vai deparar com situações assim talvez ajude a esperar que passem, em vez de somar uma dose de pânico a todos os outros desconfortos. Eles tendem a passar quando o bebê nasce. Conheci uma mãe que, durante um breve período de ges-

132

tação, teve desejo de comer todas as coisas que normalmente desprezaria. Isso passou. Outra, com quem falei ainda há pouco, tinha certeza de que o mundo iria acabar; não acabou, e hoje ela caminha ao lado de um menino saudável, e ambos são parte do mundo. Outra morria de medo de falhar na amamentação, mas, quando a hora chegou, achou tudo muito fácil. Outra estava tão alarmada que começou a se fechar demais em si mesma. Ela sentia que estava perdendo o contato com a realidade. Sentia que o mundo era um lugar hostil, onde jamais voltaria a caminhar com tranquilidade. No entanto, o nascimento do filho permitiu que ela retornasse à realidade externa de forma tão concreta quanto seu bebê, que passou a estar do lado de fora, e não dentro do corpo dela. Essas coisas não causariam apreensões se todos soubessem que a gravidez, em alguns casos, pode causar uma tensão severa na mente, tanto quanto no corpo.

Na grande maioria dos casos, o nascimento de um ser humano saudável traz um alívio enorme. O alívio físico é indescritível e, se há qualquer estresse mental e tensão, estes se dissipam assim que todo aquele volume interno se transforma em um bebê do lado de cá. Não fique surpresa, todavia, se demorar algum tempo para que esse alívio seja completo.

Eis que chegamos, nesta série de conversas, ao nascimento do bebê e, com isso, a uma mudança na mãe que, penso, a torna um pouco mais aberta a ouvir discussões sobre bebês e cuidado infantil do que antes. Espero que, nesta conversa, você tenha sentido que compreendemos aquilo que se passa com você, ou então aquilo que já se passou e que rapidamente se tornou uma lembrança distante da tensão que foi. Você conquistou nosso respeito e gostaríamos de ajudá-la dividindo aquilo que aprendemos ao conversar com mães que vivenciaram a experiência de cuidar dos próprios filhos à medida que eles crescem e se desenvolvem.

2

CONHECENDO SEU BEBÊ
[1945]

Seu bebê é diferente de todos os outros que vieram antes dele. Isso não é incrível?[1]

É até difícil de imaginar que isso seja possível, já que bastam carne e osso para fazer um corpo, e que todo rosto tem dois olhos, um nariz e uma boca. Entretanto, como é que podem existir milhões e milhões de bebês, um diferente do outro? Pois é isso mesmo; nem mesmo gêmeos idênticos têm o mesmo temperamento.

Claro, pessoas que não convivem com bebês acham difícil diferenciar um do outro, mas você, como mãe, jamais teria dificuldades na hora de identificar o próprio filho entre vários

---

[1] Roteiro do oitavo episódio do programa de rádio *O novo bebê*, veiculado em 14 de novembro de 1945 com produção de Isa Benzie. Trata-se de um resumo da primeira colaboração de Winnicott com a BBC na série *A criança feliz*, produzida por Janet Quigley de 1943 a 1944, na qual ele apresentou cinco episódios: "Conhecendo seu bebê", "Por que os bebês choram?", parte 1 e parte 2, "Quando o papai entra em cena?", "A expectativa dos outros e a sua" e "O que você quer dizer com 'criança normal'?".

depois de ter tido a chance de segurá-lo e amamentá-lo. Em outras palavras, conhecer seu filho é algo que acontece naturalmente, é um processo que começa assim que você se recupera do parto.

Gostaria de poder ajudá-la a começar a conhecer seu bebê de uma forma não tão rápida, mas precisa. Tudo bem ter pressa, sem dúvida é divertido estudar os primeiros passos de um bebê, porém o que de fato ajuda é ser capaz de observar com acuidade aquilo que está lá para ser observado e ser capaz de manter isso separado daquilo que você imagina.

Porque você pode imaginar todo tipo de coisa. Por exemplo, muitos recém-nascidos parecem sábios, como se estivessem deitados em seu berço, questionando como é o mundo. Não há mal algum em se divertir com essas ideias, mas, cá entre nós, sabemos que bebês não são nem sábios nem filosóficos, que eles ainda não têm o conhecimento de mundo necessário para pensar se aqui é um lugar bom ou ruim para nascer, não é? "Bom" e "ruim" são conceitos que só começam a fazer sentido algumas semanas ou meses depois do nascimento.

Para mim, parece perfeitamente razoável tecer fantasias em torno do bebê, contudo, como você consegue fazer isso muito melhor do que eu, deixarei isso a seu cargo. É mais fácil ajudá-la a enxergar os fatos, e estes são muito interessantes.

Os bebês desenvolvem-se o tempo todo, e pode-se dizer que isso acontece de quatro maneiras. Primeiro, eles estão crescendo fisicamente: o corpo deles usa alimento para construir, de forma muito complexa, os ossos, os músculos, o cérebro e todos os outros tecidos. Em segundo lugar, os bebês estão desenvolvendo habilidades, como a de acompanhar a luz, a de reconhecer um rosto, a de sorrir para alguém, a de chutar durante o banho, a de se sentar, a de segurar objetos e, mais

2. CONHECENDO SEU BEBÊ

adiante, a de andar e a de se alimentar por conta própria. É muito interessante comparar os bebês nesses aspectos, porque eles diferem um bocado entre si; alguns aprendem a andar com dez meses, enquanto outros ainda não se sentam no primeiro aniversário e não andam antes de completar um ano e meio de idade.

Esse desenvolvimento de habilidades está intimamente ligado ao desenvolvimento da inteligência. Mais uma vez, a variação é enorme. Alguns bebês demonstram inteligência muito cedo, são capazes de aprender com as experiências, de se adaptar às demandas da realidade e de compreender o ponto de vista da mãe. Em outros casos, eles desenvolvem esses atributos lentamente, passam boa parte do tempo dormindo ou então parecem estar sonhando ou pensando em alguma coisa, embora tenham a mesma capacidade de se tornarem espertos que os bebês cujo desenvolvimento ocorreu mais cedo. As pessoas costumam ficar muito contentes quando os bebês se desenvolvem rápido; quanto a mim, não vou afirmar que um desenvolvimento veloz é bom ou ruim. Suponho que o problema seja que as pessoas costumam temer que a criança tenha algum problema mental até que vejam sinais claros de que [...] funciona bem, por isso gostam de ter evidências da inteligência o mais rápido possível.

Até agora falei sobre o desenvolvimento físico, o desenvolvimento das habilidades e o desenvolvimento da inteligência. O quarto tipo de desenvolvimento é o da personalidade. Este é, de longe, o mais interessante de observar, pois é justo aqui que os bebês se tornam únicos e distintos. Vou falar um pouco sobre isso.

Nesta conversa, só tenho tempo para falar sobre os inícios. No primeiro estágio do desenvolvimento da personalidade, seu bebê está apenas começando a se consolidar como uma pessoa completa. Você está começando a conhecê-lo como ser humano, porém ele ainda não conhece a si mesmo. Vamos tentar imaginar como é ser um bebê. É bem difícil colocar isso em palavras, mas digamos que, enquanto está deitado no berço, ele é um pedacinho de pele que coça, é um par de olhos que observa o movimento de uma cortina, é a dor de uma cólica, é um apetite. Da mesma maneira, você é um rosto, uma sombra, um jeito de manuseá-lo, um banho, uma toalha, um movimento de ninar. Ele ainda não se tornou uma pessoa completa, nem você é uma pessoa completa para ele. O bebê não passa de um compilado de sensações, de pedacinhos que um dia se tornarão o que ele é, assim como você, para ele, também não passa de vários pedacinhos que um dia ele vai juntar e chamar de "mãe".

Quão tremendamente importante deve ser para o bebê que nos primeiros dias e semanas da vida seja você quem cuida dele, para que ele mesmo não tenha que passar por complicações desnecessárias! Muitos rostos, diferentes técnicas na hora do banho, rotinas distintas de limpeza... se esses desconfortos puderem ser evitados, é bom que sejam. (Conheci um bebê que sofreu séria perturbação pelo fato de a mãe ser canhota, enquanto a avó materna, que também cuidava dele, ser destra.)

Talvez você queira saber o que dá origem ao processo que, um dia, levará o bebê a sentir que é uma pessoa completa e que você é igualmente uma pessoa completa. Isso acontece ao longo do tempo, por meio da repetição das experiências comuns da rotina do bebê. É por esse motivo que as mães estabelecem uma rotina ordenada e se mantêm fiéis a ela. Em pouco tempo, surge uma sequência de alimentação, banho, troca de fralda e sono, que é a base da vida de um recém-nascido. As mães se esforçam ao máximo para garantir que nenhuma complicação bagunce todas as coisas. Se em duas ocasiões uma porta bater bem na hora em que o bebê estiver se virando para buscar o mamilo, ele concluirá

2. CONHECENDO SEU BEBÊ

naturalmente que buscar-aquilo-que-quer causa dor no ouvido e, assim, deixará de mamar. E é por isso que você fecha a porta com cuidado e procura muitas maneiras de criar uma atmosfera calma e controlada nas primeiras vezes em que vai amamentar. Apenas diante da monotonia desse cenário você consegue acrescentar doses diárias de riqueza pessoal de modo seguro e útil.

Essas experiências recorrentes no manejo do bebê contribuem para que ele gradualmente se componha como uma pessoa. Da mesma forma, há experiências intensas que o envolvem como um todo, como o entusiasmo na hora de comer. O bebê sente-se completo quando você o levanta e, da mesma maneira, se sente pleno quando está com fome, procura o seio, engole o leite e o digere em sua barriguinha. A alimentação afeta o corpo todo, e isso contribui para que ele se sinta como uma pessoa completa. Até mesmo a raiva pode ser positiva nesse sentido, pois um bebê com raiva se torna, ao menos por algum tempo, uma pessoa inteira composta de sua raiva. Quando se recupera, volta a ficar sossegado e deixa de se preocupar com o fato de ser uma pessoa ou de ser muitos pedacinhos. Talvez você sinta pena dele, mas, de modo geral, ele não liga de ser composto de muitos pedaços desde que, de tempos em tempos, esses pedaços se reúnam; nós, adultos, porém, temos uma sensação terrível de loucura quando, seja por cansaço, seja por doença, sentimos que estamos nos desintegrando e voltando ao estado natural do pós-parto, ao qual nos referimos como "ser feito em pedaços" ou "não estar de todo presente".

Nesse momento inicial, seu bebê também está descobrindo o próprio corpo. À medida que começa a se tornar uma pessoa, ele percebe que tem uma pele – e como é gostoso estar aquecido. Ele sabe que pode sentir dor e começa a distinguir as pontadas passageiras das cólicas que precisam ser suportadas até que acabem. Sabe também que pode se satisfazer muito bem com os próprios dedos ou o punho quando sente fome e não há ninguém que possa resgatá-lo rápido o suficiente. Aos seis meses, talvez já compreenda que descarta aquilo que comeu, mas, ao chegar a este ponto, já se desenvolveu muito, muito além dos estágios iniciais que descrevo aqui.

Durante esses primeiros estágios, o bebê também está aprendendo a lidar com a realidade. Se você e ele já se entenderam quanto à alimentação, então você o iniciou bem nessa tarefa. Deixe-me explicar: não basta apenas ter vontade de amamentar o bebê; é preciso compartilhar uma experiência com ele para permitir a formação do primeiro laço humano de sua vida, que é fundamental para o futuro dele. Na verdade, existem duas coisas diferentes que precisam ser levadas em conta. O bebê está faminto e tem vontades. Você é real e tem a comida pronta. Ele precisa de algo, e, nesse exato momento, você aparece com o seio ou com a mamadeira e com o leite bom. Contudo, não dá para ter certeza de que o bebê vai sentir que o que você tem a oferecer é aquilo que ele tinha em mente. Só você pode lidar com esse momento delicado junto com ele. Forçá-lo seria inútil e prejudicial. Mas, de repente, tudo começa a funcionar e o bebê aceita que o seio é aquilo que ele gostaria de abocanhar e, por meio disso e da repetição frequente, gradualmente ganha confiança na probabilidade de ser capaz de encontrar no mundo real as coisas de que tanto precisa.

Alguns bebês jamais resolvem satisfatoriamente esse problema da cooperação com a mãe; os dois nunca se acertam. Talvez eles se ajustem com a mamadeira em vez de com o seio, mas com frequência o bebê perde todo o entusiasmo por comida e recebe mecanicamente apenas o necessário para manter corpo e alma juntos. Outros se nutrirão bem, porém mais por um espí-

2. CONHECENDO SEU BEBÊ

rito de conformidade do que por uma avidez saudável, ajustando-se à oferta materna de coisas boas, embora nunca sintam que receberam aquilo que realmente desejavam.

[...] mantendo-se de prontidão por dias, você sentiu que chegou a um acordo com seu bebê e que ele começou a aceitá-la como objeto desse amor voraz e primitivo.

Afinal, o que quero dizer? Quero tentar deixar claro que, muito pouco tempo depois do parto, antes de ter capacidade de conhecê-la, de se sentir feliz quando você chega e triste quando você vai, de começar a ter sentimentos de medo e culpa, o bebê precisa absurdamente de você. Nesse estágio bem inicial, ele precisa do ambiente o mais simples possível e de ser protegido das complicações que ainda não consegue compreender ou aceitar. Melhor do que ninguém, você sente que isso é algo que vale a pena fazer. E, para tanto, você não precisa ser esperta. Precisa apenas agir com naturalidade e se interessar pelo seu bebê pelo simples fato de ele ser seu. Se você tem tendência a ser possessiva, essa é sua chance.

Desse ponto de vista, você não permite que uma vizinha a interrompa quando está amamentando seu filho, ou quando está no meio da rotina da troca de fralda. Seria impensável deixar qualquer um se arriscar a dar um banho nele. No começo, você faz o máximo que pode por conta própria, até que o bebê tenha tido contato suficiente com você para começar a construí-la como uma coleção de experiências com as quais ele acaba por conectar seu rosto. Se você acha que está fazendo tudo o que pode, colherá os frutos mais para a frente.

Se você sente que seu bebê é alguém que você está gostando de conhecer, então está no caminho certo. Você está lá, com seu calor, sua força e sua generosidade, e lá está também o bebê, com suas crescentes necessidades. Você e ele formam uma par-

140

ceria que é valiosa para ambos, mas, para que isso aconteça, precisam encontrar um ao outro. E, como o bebê ainda está em um estágio primitivo do desenvolvimento ao passo que você é madura, deve ser você quem primeiro possibilita o relacionamento por meio de sua paciência, de sua tolerância e compreensão do que está acontecendo.

O treinamento para um bebê se alimentar vale também para se manter limpo. De início, pode-se treinar quase qualquer bebê ao segurá-lo com certa frequência, mas isso não quer dizer muita coisa. Cedo ou tarde, você terá que perceber o ponto de vista dele. Às vezes ele vai querer cooperar, outras vezes, não. Às vezes, ele terá motivos para estar imundo. Haverá vezes em que ele vai querer agradar ou lhe dar alguma coisa; e haverá vezes em que vai se assustar com o que sai de dentro dele e querer que aquilo seja retirado rapidamente. Se você estiver gostando de conhecer melhor seu bebê, vai descobrir todas essas coisas ao longo do tempo.

Algumas pessoas dirão que você deve partir do princípio de que não existe nada mais sagrado que a limpeza, que você deve agir de acordo com certas regras e que deve obrigar o bebê a obedecer a elas. Saiba que essas pessoas não conhecem bebês; e certamente não conhecem seu filho, pois você é a única pessoa que teve a chance de conhecê-lo. Ele precisa de você como uma pessoa, não como um conjunto de regras e regulamentos. Algumas diretrizes ajudam, mas cada bebê precisa de alguém que o conheça bem e que esteja interessado em seu ponto de vista. Gradualmente, seu bebê também começará a se interessar pelo seu ponto de vista, entretanto a base para isso é você conhecê-lo e ser capaz de esperar por algo muito mais valioso que ordem e conformidade: o desenvolvimento gradual da capacidade do bebê se importar com o resultado de suas ações e pensamentos.

3

CARTAS DAS MINHAS OUVINTES
[1952]

Este é o último episódio do que acabou sendo uma série bastante curta de conversas sobre mães e bebês.[1]

As cartas das minhas ouvintes compõem-se de oito correspondências, todas elas interessantes. Se tivesse tempo, eu leria todas elas aqui.

Primeiro, vou falar de uma carta muito útil, enviada por uma ouvinte de Liverpool, em que ela diz que continua a se interessar pelos problemas relacionados aos cuidados com o bebê mesmo que sua filhinha já esteja indo à escola. Essa mãe ressalta que dei a impressão de que livros sobre cuidados infantis não servem para nada, mas conta que aprendeu muito com eles e cita uma publicação, de autoria de um amigo meu, que concordo que seja imensamente útil. Entendi o que aconteceu. Tenho tentado mostrar que o manejo do bebê durante as fases muito iniciais é algo que vai além do que se pode aprender em livros; algo que, sob

---

1 Roteiro do sétimo e último episódio da série "A mãe dedicada comum e seu bebê", veiculado em 20 de fevereiro de 1952 como parte do programa *A hora da mulher* da BBC Light Programme, com produção de Isa Benzie. [N.E.]

as condições adequadas, acontece com muita naturalidade graças ao simples fato da maternidade da mãe. Eu acredito mesmo que aquilo que é natural *pode* ser prejudicado pelos livros, caso a mãe se afaste porque está ocupada demais tentando aprender algo, enquanto o mais importante é proporcionar as condições certas para o desenvolvimento dos processos naturais. Fico muito contente, no entanto, de ter a chance de esclarecer que livros que trazem boas informações e que combatem a ignorância são de grande valor, especialmente à medida que o bebê se afasta dos estágios iniciais e torna-se cada vez menos dependente de uma adaptação sensível às suas necessidades.[2]

---

2   Neste ponto, os dois parágrafos a seguir foram riscados e provavelmente não foram ao ar:

"A carta continua descrevendo o modo como a ouvinte conseguiu ajudar outra jovem mãe a iniciar a amamentação ao proporcionar com calma o *setting* necessário e os dados factuais; conta também sobre como essa mãe ficou em pânico porque alguém se mostrou preocupado com uma ligeira perda de peso, de modo que o leite dela secou de imediato. Ela ainda ressaltou que o marido dessa jovem poderia ter ajudado, mas que ele era contra a amamentação, o que só aumentava as dúvidas da jovem mãe sobre sua capacidade de alimentar o bebê desse modo.

"Em um cartão-postal, uma avó de Streatham conta que a amamentação foi o que houve de mais adorável em sua vida de casada. Ela conseguiu dar de mamar aos sete filhos e acrescenta: 'Agora sou uma avó com dez netos. Eu gostaria muito de saber o que mudou de lá para cá; hoje eles são muito mais bem cuidados'. Sempre me pergunto se médicos e enfermeiras, que hoje têm uma formação mais completa e entendem tudo sobre a promoção da saúde do corpo, não teriam, ainda, outra coisa a aprender: o fato de que, durante a maternagem de um recém-nascido, apenas a mãe é capaz de se sair muito

3. CARTAS DAS MINHAS OUVINTES

Uma ouvinte de Bexleyheath, em Kent, fala justamente disso em sua carta. Ela diz: "Tenho certeza de que, se deixada em paz, a mãe comum estabelecerá um bom relacionamento com seu bebê e será bem-sucedida em atravessar o ciclo da natureza e em nutrir a criança com seu próprio corpo. Mas quantas de nós são deixadas em paz?". Então ela prossegue com uma descrição sinistra do modo como seu bebê foi apresentado a ela na maternidade, um lugar que, tenho certeza, ela não teria nenhum outro motivo para criticar. "Vinte e quatro horas após nascer, minha filha foi trazida para ser amamentada pela primeira vez em meio a toda uma correria e confusão, sem que eu ainda nem tivesse tido a chance de segurá-la ou de fazer qualquer carinho que permitisse nos acostumarmos uma com a outra. Em uma das mãos, a enfermeira segurava com força a cabeça da bebê, com a outra, meu seio, também com força, e então, em um aperto doloroso, uniu nós duas". E assim por diante.

Com que frequência ouvi histórias como essa e seus tristes desdobramentos? Posso continuar com a leitura? "Neste momento, estou à espera do nascimento de meu segundo filho, e se qualquer pessoa" – essa parte está duplamente sublinhada – "tentar interferir nos momentos preciosos que teremos juntos, pegarei minha jarra de água e a arremessarei nela [...]. Com certeza esse seu programa de rádio se dirige às pessoas erradas!".

Concordo com ela, mas, ao mesmo tempo, me preocupo porque posso ser mal compreendido. Quando dizemos essas coisas – e nenhuma afirmação é forte o suficiente –, não esquecemos que as mães devem muitíssimo a esses médicos e a essas enfer-

---

bem na execução dessa tarefa, já que aquilo de que o bebê precisa é exatamente o que ela, e só ela, foi moldada para oferecer."

meiras que tornaram o parto um procedimento quase livre das tragédias terríveis que eram comuns cinquenta anos atrás.

Outra preocupação: quais seriam os efeitos de uma discussão desse tipo sobre uma jovem gestante? Por exemplo, uma mulher em Devon escreveu: "Serei internada em breve; será em um pequeno hospital (já que não tenho ajuda em casa), onde, segundo me informaram, a mãe só vê de fato seu bebê nos horários de amamentação. Eu sei que, se somadas, serão muitas horas, mas gostaria de saber se, durante essas primeiras duas semanas – que certamente são fundamentais –, a mãe pode começar a entender as necessidades de seu bebê sem ter o berço a seu lado. Ficaria muito agradecida com qualquer conselho. [...] Se o senhor acha que o tipo certo de contato com o bebê não pode ser estabelecido em uma instituição desse gênero, farei os maiores esforços para organizar o nascimento de meu bebê em casa".

Sinto que essa mãe não deveria mudar seus planos apenas com base em meu programa, isso porque há muitas outras coisas a serem consideradas. Uma gestante que está prestes a dar à luz, sobretudo quando se trata do primeiro filho, precisa muito de médicos e enfermeiras em quem confie, e seria melhor confiar em pessoas no aqui e agora (pessoas que, é claro, são humanas e imperfeitas) do que frustrar planos por conta de algo que uma voz lhe disse pelas ondas do rádio, ainda que seja verdade. Tudo depende do médico que atende a gestante, o qual, sem dúvida, pode concordar com a ideia de fazer o parto em casa; e então tudo estaria resolvido, pois ele se tornaria a pessoa responsável tão necessária nesse momento tão especial.

Ao ler esta carta, primeiro tive a impressão de que não é uma boa ideia criticar um procedimento tão estabelecido, mas, no fim das contas, pensei que nós devemos poder falar desses

3. CARTAS DAS MINHAS OUVINTES

assuntos, desde que tenhamos o cuidado de esclarecer que nos referimos a esse tema de maneira geral, e que nosso objetivo não é dar conselhos individuais. É como uma variação do ditado popular: a exceção não faz a regra.

Conheço uma jovem mãe que teve seu primeiro filho em um lindo hospital, que tomou anestesia e tudo mais, e cujo bebê foi levado e alimentado na mamadeira por uma enfermeira excelente, mas que não achava a amamentação uma boa ideia. O filho seguinte nasceu no mesmo hospital, porém a mãe conseguiu enganar as enfermeiras e permaneceu consciente durante todo o parto. Veja, ela queria saber como era passar pelo processo. No entanto, a alimentação desse segundo filho também ficou a cargo de uma enfermeira que preferia a mamadeira ao seio. O terceiro filho nasceu em casa. A mãe disse que aceitaria correr todos os riscos para provar que era capaz de amamentar. Ela conseguiu, contudo quase sofreu uma nova derrota, porque a enfermeira que a acompanhou em casa após o parto tampouco confiava nos processos naturais. Ela só foi bem-sucedida depois de dispensar a enfermeira e pedir ajuda para alguém sem formação específica – algo muito corajoso a fazer, na minha opinião. Mas desde já devo acrescentar que as enfermeiras mudaram de atitude nos últimos anos e, cada vez mais, pode-se confiar que o desejo delas é de que todo bebê mame no seio.

Ao falar sobre relações pessoais, eu disse algo desagradável sobre as sogras. Sinto muitíssimo. Não, eu não pretendo me passar por comediante, como foi sugerido em uma carta vinda de Tunbridge Wells.

Vejo que não terei tempo para responder a todas as oito cartas que recebi, mas devo mencionar uma mensagem anônima vinda de Manchester. Essa carta não foi assinada porque é extremamente crítica. É possível que os detalhes do relacionamento entre uma mãe e seu bebê sejam um assunto delicado demais para qualquer um que não esteja envolvido com o tema. Eu me pergunto o que você acha disso.

ÍNDICE REMISSIVO

Aborto 64, 84

adaptação 12, 22, 24, 32, 45, 50–51, 70, 75–77, 79–80, 87, 91, 98–99, 101, 103, 109, 112, 114, 116, 136, 143; *falha de* 11, 59, 76–77, 80, 114–15, 118, 123

adoção 19, 41

adolescência 84

agonia *ver* ansiedade

agressividade 44–45; *ver também* sobrevivência

aleitamento:
por mamadeira *ver* mamadeira; por seio *ver* amamentação

alimentação 12, 26, 29–30, 37, 39, 41–46, 78–79, 81, 87, 93–94, 100, 117, 135–39, 141, 143, 146

amadurecimento, processo de 22, 25, 51, 58, 63, 69–71, 76

amamentação 8, 30, 36–44, 46, 78, 92, 94, 135, 138–40, 143; *dificuldade de* 39, 41, 75; *falha de* 92, 133, 144, 146

ambiente 33, 36, 38, 40, 69–70, 100, 102–03, 105, 108–09, 114, 122, 140; *facilitador* 25, 38, 51, 53, 58, 59, 119; *falha de* 22, 53, 57, 59, 98, 102, 115, 121; *suficientemente bom* 25, 38, 109, 119;

amor 8, 10, 25, 28, 45, 81–82, 93, 97, 101, 103, 114, 140

ansiedade 12, 27–28, 33, 50, 58–59, 86, 98, 100, 108, 115, 123, 132

aprender 12, 29–30, 40, 49, 118, 136; *com especialistas* 29, 35, 37, 63, 75, 78–79, 82; *com livros* 75, 142–43

autismo 18

autonomia 19, 105–06, 110, 119

BBC 17, 29, 125, 127, 134

banho 112, 136–37, 140

BENZIE, Isa 17–18, 125, 127, 134, 142

berço 32, 34, 74, 76, 100, 135, 137, 145

borderline 53, 58, 123

brincar 34, 52, 54, 60, 65, 71, 75, 79–80, 84, 95, 110, 116–17, 121, 130

Cérebro 51, 66–68, 81, 98, 135

chupar o dedo 27, 69

ciência 86

código moral 71

colapso 27, 115

comunicação 82, 94, 104, 107–08, 111–23; *falhas de* 115, 123

conceber 65–66

concepção *ver* parto

confiança 9, 23, 31, 40, 61, 74, 74, 77, 81, 83, 88–89, 98, 101, 113–14, 117, 119, 131–32, 139, 145–46

conflito 25, 41, 84, 108

conformismo 120, 140–41

consciência 54, 57, 61, 62, 98, 101, 105

crença 114

crescimento 23, 25, 27, 30, 38, 67, 70–73, 76, 80, 102–03, 113, 118–19, 121, 133; *físico* 105, 135; *psicológico/emocional* 24, 50, 77, 81, 105

cuidado com o bebê 9–11; 17, 21–23, 27, 30, 34–36, 41, 49–50, 54, 67, 70, 73, 75–76, 86, 89, 94–95, 98, 108, 112, 114, 120, 133, 142; *entregar o* 12, 32; *suficientemente bom* 101, 110, 119

culpa 18, 23–24, 88, 140

Defesa (mecanismos de) 23, 50, 52–53, 61, 108

deficiência intelectual 24, 67, 74,

dependência 24–26, 53, 56, 70, 78, 87, 93–94, 97–103, 105, 107–10, 119, 121–23, 143; *regressão à* 53, 56–58, 60, 110

depressão 23, 34, 90, 106, 117, 132,

deprivação *ver* privação

desenvolvimento 10, 12, 22–24, 36–39, 42, 45–46, 50–52, 57–60, 67–69, 73, 74, 81–82, 89, 97–98, 102, 105, 108, 113–15, 119–23, 128, 136, 141, 143; *falha de* 24, 67, 77, 80, 106

desejo 66, 85, 92, 102, 133, 140, 146

destruição 45–46; *autodestruição* 91; *da mãe* 45

distorção 50, 54, 58, 60, 69, 73, 82, 102, 107, 115, 123

distúrbios 37, 49, 55, 80, 82,

Ego 23, 26, 53, 58–59

empatia 74

espelho 117

esquizofrenia 53–54, 58–60, 63, 107, 118

eu/não EU 69–70, 105, 120

excreção 80–82, 89, 93

experiência 8, 12–13, 22, 25–26, 31, 36–37, 39, 42, 51–52, 60 68, 72–75, 78–79, 87–89, 91–92, 96, 98–101, 105–07, 109–10, 113–14, 116-18, 136–40; *da alimentação* 37, 39, 42–44, 94; *cultural* 71; *de infância/anterior* 41, 44, 111; *como mãe* 20–21, 35, 43, 50, 128, 133; *primeira/inicial* 58, 107–08, 111, 118; *onírica ver sonhar*; *traumática* 45, 50, 53, 58–59, 77, 100, 123

Facilitação 26, 70, 76, 85, 118; *falha de* 118; *ver também* ambiente facilitador

família 23, 70, 76, 89, 102

fantasia 11, 45, 135

Fisher, dr. Geoffrey 64, 69

fracasso 18, 41, 114, 123; *do ambiente* 58; *da confiabilidade* 114; *da integração* 27; *da mãe* 18, 22, 24; *do psicanalista* 60
frustração 22-23, 43, 68-69, 80, 118, 123

Gestação *ver* gravidez
gravidez 23, 49, 66, 88, 90, 98, 109, 122, 127-32, 133, 145
GRIFFITH, George 106
guerra 128-29, 131

Identificação 19, 22, 26, 49-50, 81, 102, 110, 118, 122, 134
impulso 44, 58, 60, 106
inconsciente 84, 104-05, 121; *reprimido* 108
independência 70, 87, 97, 103, 105, 110
individualidade 19, 26, 118
ingestão 80-81, 89, 130
inibição 94
insatisfação 10, 39, 92, 121, 123
insegurança 32, 77, 98
insight 84
integração 25, 27, 51, 57, 59, 71, 105-06, 113, 123, 138
interferência 9, 28, 30, 41, 62, 79, 80-82, 118, 144
inter-relação 79
intimidade 37, 40-41
intuição 30, 78

LAMB, Charles 65
leite 40, 44, 75, 93, 117, 138-39, 143
lesão 77, 79

Mãe dedicada comum 10-11, 18, 23-24, 125
mãe suficientemente boa 10, 56-57, 59, 105-06, 125; *fracasso da* 13, 24
mamadeira 39, 42-43, 46, 78-79, 94, 139, 146
manejo do bebê 34, 39, 73, 78-80, 85, 91, 110, 138, 142
manusear 12, 27, 39, 41, 51, 76, 113, 119, 137
maternagem 8, 39, 143; *insuficientemente boa* 56, 59, 105; *suficientemente boa* 57
maturidade 76, 87-91, 97, 121, 141
medo 32, 37, 44, 56, 84, 88, 93, 129, 132-33, 140
memória 20, 54, 58, 60, 72, 99, 102, 115
morder 19, 44,
MORO, reflexo de 55-59, 77

Nascimento 10, 15, 20-21, 40, 48, 51, 54, 60-62, 64, 68-69, 76, 85-86, 88-89, 92-93, 97-98, 105, 108, 130, 132-33, 135, 144-45; *difícil* 60, 107; *pós-termo* 49, 68-69; *prematuro* 49, 62, 67-68, 76

3. CARTAS DAS MINHAS OUVINTES

ninar, movimento de
(embalar) 100, 116, 137

Objetividade 70
objetificação da mãe 45
objeto 80-81, 135, 140; *destruição
do* 45-46; *relação de* 25, 27, 51,
78-79, 106, 123; *uso de* 39, 44
objeto transicional 43, 117
onipotência 12, 22, 118

Pai (parentagem) 18-19, 23, 31,
40-41, 46, 48, 52, 54-55, 66-67,
69-70, 74-75, 80-81, 85-86, 90,
92, 95, 99-100, 102, 104, 109,
118-19, 121-22, 132, 134
parto 10, 49, 55, 60-61, 65-66,
68-69, 84, 86-92, 107, 109, 118,
129-32, 135, 138, 140, 145-46
personalidade 22-24, 27, 37-38,
42-43, 53, 69, 77, 105, 136;
*cisão/deformação/mutilação
da* 23, 28, 57, 59, 80, 102
poesia 20-21, 100, 112
ponto de vista 38, 49, 53, 60, 64,
68, 130-31, 136, 140; *do bebê* 26,
60, 85-86, 141
potencial 12, 82, 105-07, 117, 119
preocupação materna
primária 49, 109
processo de nascimento *ver*
nascimento

psicanálise 36, 38, 52, 58, 61, 68,
73, 84, 92, 96, 104, 107-08, 111,
119, 121
psicologia 27, 47-49, 51-53, 56,
59-60, 63, 65-66, 68-69, 76,
83-84, 105
psiconeurose 53, 107
psicose 53, 107, 118
psicossomático 24, 27, 52, 84, 86,
105-06, 115-16
psicoterapia 112
psique 59, 81, 105, 115
psiquiatria 52, 63, 73, 82, 87, 90,
105, 109
privação 23, 37, 95, 114-15
puberdade *ver* adolescência

Raiva 22, 33, 43, 80, 114-15,
123, 138
RANK, Otto 61
realidade 92, 102, 129, 133, 136,
139; *interna* 42; *princípio* 71;
psíquica 70, 72; *senso de* 95
relação satisfatória 27, 39
relacionamento 25-26, 28, 41, 55,
78-79, 84-85, 89, 94, 101, 105, 141,
144; *mãe-bebê* 26, 40, 54, 80, 82,
91, 93, 147
religião 39, 71
ressentimento 37, 103
Rômulo e Remo 24

152

SANDLER, dr. Joseph 104
satisfação 22, 37, 39, 44, 81, 90,
    99–101, 103, 139
saúde 22, 30, 42, 45, 52, 67–68, 71,
    87–91, 109, 120, 133, 140; *física* 13,
    27, 52, 74, 143; *psíquica/mental*
    28, 33, 38, 54, 87, 118
segurar [*holding*] 21, 27, 31–35, 39,
    41–42, 44, 49–51, 57, 61, 76–77,
    79, 92, 108, 112–13, 115, 119, 135,
    141, 144; *suficientemente bem* 50
segurança 35, 81, 98, 101, 114
self 26, 33, 51, 57, 59, 102
setting 25, 58, 102, 112, 143
sobrevivência 7, 46, 67; *da mãe*
    45–46, 120; *do analista* 111, 114;
    do objeto 45–46
sonhar 13, 42, 45, 52, 54, 60–62,
    65, 72, 92, 95, 136
sorte 11, 19, 23–24, 41, 77, 97, 132
SPOCK, dr. Benjamin 21,
suicídio 50, 58, 60, 62
surpreender 33–34;

Tendência 25, 50, 69, 105, 111,
    140; *hereditária* 25, 27, 105–06,
    113, 119
transferência 118; *neurose de* 108
trauma 46, 60, 68, 77

Unidade 105, 113; *familiar* 76; *sentimento de* 21, 25–26

Verbalizar 75, 94, 107–08, 111–12
viabilidade 67, 105
vingança 45, 95
vulnerabilidade 61, 110

WOOLLEY, Monty 19

SOBRE O AUTOR

Donald Woods Winnicott nasceu em 7 de abril de 1896, em Plymouth, na Inglaterra. Estudou ciências da natureza na Universidade de Cambridge e depois medicina na faculdade do hospital St. Bartholomew's, em Londres, onde se formou em 1920. Em 1923, foi contratado pelo Paddington Green Children's Hospital – onde trabalhou pelos quarenta anos seguintes –, casou-se com a artista plástica Alice Taylor e começou sua análise pessoal com James Strachey, psicanalista e tradutor da edição Standard das obras de Sigmund Freud para o inglês. Em 1927, deu início à sua formação analítica no Instituto de Psicanálise, em Londres. Publicou seu primeiro livro em 1931, *Clinical Notes on Disorders of Childhood* [Notas clínicas sobre distúrbios da infância]. Em 1934, concluiu sua formação como analista de adultos e, em 1935, como analista de crianças. Pouco depois, iniciou uma nova análise pessoal, desta vez com Joan Riviere. Durante a Segunda Guerra Mundial, Winnicott trabalhou com crianças que haviam sido separadas de suas famílias e evacuadas de grandes cidades. Nos anos seguintes à guerra, foi presidente do departamento médico da Sociedade Britânica de Psicologia por duas gestões. Após um casamento conturbado, divorciou-se de Alice Taylor em 1951 e casou-se com a assistente social Clare Britton no mesmo ano. Foi membro da Unesco e do grupo de especialistas da OMS, além de professor convidado no Instituto de Educação da Universidade de Londres e na London School of Economics. Publicou dez livros e centenas de artigos. Entre 1939 e 1962, participou de diversos programas sobre maternidade na rádio BBC de Londres. Faleceu em 25 de janeiro de 1971.

OBRAS

Clinical Notes on Disorders of Childhood. London: Heinemann, 1931.

Getting to Know Your Baby. London: Heinemann, 1945.

The Child and the Family: First Relationships. London: Tavistock, 1957.

The Child and the Outside World: Studies in Developing Relationships. London: Tavistock, 1957.

Collected Papers: Through Paediatrics to Psychoanalysis. London: Hogarth, 1958.

The Child, the Family, and the Outside World. London: Pelican, 1964.

The Family and Individual Development. London: Tavistock, 1965.

The Maturational Processes and the Facilitating Environment. London: Hogarth, 1965.

Playing and Reality. London: Tavistock, 1971.

Therapeutic Consultations in Child Psychiatry. London: Hogarth, 1971.

The Piggle: An Account of the Psychoanalytic Treatment of a Little Girl. London: Hogarth, 1977.

Deprivation and Delinquency. London: Tavistock, 1984. [póstuma]

Holding and Interpretation: Fragment of an Analysis. London: Hogarth, 1986. [póstuma]

Home Is Where We Start From: Essays by a Psychoanalyst. London: Pelican, 1986. [póstuma]

Babies and their Mothers. Reading: Addison-Wesley, 1987. [póstuma]

The Spontaneous Gesture: Selected Letters. London: Harvard University Press, 1987. [póstuma]

Human Nature. London: Free Association Books, 1988. [póstuma]

Psycho-Analytic Explorations. London: Harvard University Press, 1989. [póstuma]

Talking to Parents. Reading: Addison-Wesley, 1993. [póstuma]

Thinking About Children. London: Karnac, 1996. [póstuma]

Winnicott on the Child. Cambridge: Perseus, 2002. [póstuma]

The Collected Works of D. W. Winnicott. Oxford: Oxford University Press, 2016. [póstuma]

EM PORTUGUÊS

A criança e seu mundo [1957], trad. Álvaro Cabral. São Paulo: LTC, 1982

Da pediatria à psicanálise [1958], trad. Davy Bogomoletz. São Paulo: Ubu Editora, 2021.

Família e desenvolvimento individual [1965], trad. Marcelo B. Cipolla. São Paulo: Ubu Editora/WMF Martins Fontes, 2023.

Processos de amadurecimento e ambiente facilitador: estudos sobre a teoria do desenvolvimento emocional [1965], trad. Irineo Constantino Schuch Ortiz. São Paulo: Ubu Editora/WMF Martins Fontes, 2022.

O brincar e a realidade [1971], trad. Breno Longhi. São Paulo: Ubu Editora, 2019.

Consultas terapêuticas em psiquiatria infantil [1971], trad. Joseti M. Xisto Cunha. São Paulo: Ubu Editora/WMF Martins Fontes, 2023.

The Piggle: o relato do tratamento psicanalítico de uma menina [1977], trad. Else P. Vieira e Rosa L. Martins. Rio de Janeiro: Imago, 1979.

Privação e delinquência [1984], trad. Álvaro Cabral. São Paulo: Ubu Editora/WMF Martins Fontes, 2023.

Holding e interpretação [1986], trad. Sónia Maria T. M. de Barros. São Paulo: Martins Fontes, 1991.

Tudo começa em casa [1986], trad. Paulo Cesar Sandler. São Paulo: Ubu Editora/WMF Martins Fontes, 2021.

Bebês e suas mães [1987], trad. Breno Longhi. São Paulo: Ubu Editora, 2020.

O gesto espontâneo [1987], trad. Luis Carlos Borges. São Paulo: Martins Fontes, 1990.

Natureza humana [1988], trad. Davi Bogomoletz. São Paulo: Ubu Editora/WMF Martins Fontes, 2024.

Explorações psicanalíticas [1989], trad. José Octavio A. Abreu. C. Winnicott R. Shepperd e M. Davis (orgs). Porto Alegre: Artmed, 1994.

Falando com pais e mães [1993], trad. Álvaro Cabral. São Paulo: Ubu Editora/WMF Martins Fontes, 2023.

Pensando sobre crianças [1996], trad. Maria Adriana V. Veronese. Porto Alegre: Artmed, 1997.

WINNICOTT NA UBU

CONSELHO TÉCNICO Ana Lila Lejarraga, Christian Dunker, Gilberto Safra, Leopoldo Fulgencio, Tales Ab'Saber

O brincar e a realidade
Bebês e suas mães
Tudo começa em casa
Da pediatria à psicanálise
Processos de amadurecimento e ambiente facilitador
Família e desenvolvimento individual
Consultas terapêuticas em psiquiatria infantil
Deprivação e delinquência
Falando com pais e mães
Natureza humana

Título original: *Babies and their Mothers*

Textos inéditos © Oxford University Press, 2020
© The Winnicott Trust, 1987
© Ubu Editora, 2020

COORDENAÇÃO EDITORIAL Florencia Ferrari e Isabela Sanches
ASSISTENTE EDITORIAL Júlia Knaipp
PREPARAÇÃO Fabiana Medina
REVISÃO Cacilda Guerra, Cláudia Cantarin
DESIGN Elaine Ramos
ASSISTENTE DE DESIGN Livia Takemura
FOTO DA CAPA E PP. 2–3 Nino Andrés
MODELO DE MÃOS Jorge Wisnik
PRODUÇÃO GRÁFICA Marina Ambrasas

EQUIPE UBU
DIREÇÃO Florencia Ferrari
DIREÇÃO DE ARTE Elaine Ramos, Júlia Paccola e
  Nikolas Suguiyama (assistentes)
COORDENAÇÃO Isabela Sanches
EDITORIAL Bibiana Leme, Gabriela Naigeborin
COMERCIAL Luciana Mazolini, Anna Fournier
COMUNICAÇÃO / CIRCUITO UBU Maria Chiaretti,
  Walmir Lacerda, Seham Furlan
DESIGN DE COMUNICAÇÃO Marco Christini
GESTÃO CIRCUITO UBU / SITE Laís Matias
ATENDIMENTO Cinthya Moreira

7ª reimpressão, 2025.

Dados Internacionais de Catalogação na Publicação (CIP)
Elaborado por Odilio Hilario Moreira Junior – CRB-8/9949

W776p Winnicott, Donald W. [1896–1971]
Bebês e suas mães / Donald W. Winnicott; título original:
Babies and Their Mothers; traduzido por Breno Longhi;
prefácio de Maria Rita Kehl; texto de orelha Maria Ribeiro. /
Conselho técnico: Ana Lila Lejarraga, Christian Dunker,
Gilberto Safra, Leopoldo Fulgencio, Tales Ab'Saber.
São Paulo: Ubu Editora, 2020. 160 pp.
ISBN 978 85 7126 055 9

1. Psicanálise. 2. Mãe. 3. Bebê. 4. Desenvolvimento do bebê.
I. Longhi, Breno. II. Título.

	CDD 155.4
2019–1458	CDU 159.922.7

Índice para catálogo sistemático:
1. Psicologia infantil 155.4
2. Psicologia infantil 159.922.7

UBU EDITORA
Largo do Arouche 161 sobreloja 2
01219 011 São Paulo SP
ubueditora.com.br
professor@ubueditora.com.br
 /ubueditora

FONTES Domaine e Undergroud
PAPEL Pólen bold 70g/m²
IMPRESSÃO E ACABAMENTO Margraf